ソウルメイトの不思議

人生は誰でもかならず「魂の友」に
めぐり会えるしくみになっている!

精神科医
越智啓子
Ochi Keiko

主婦の友社

ソウルメイトの不思議

はじめに

みなさん！　この本を手に取ってくれて、本当にありがとう！

きっと、『ソウルメイトの不思議』というタイトルに、心を引かれて、手にしてくださったのだと思います。私も「ソウルメイト」という言葉に、以前から、とても不思議な魅力を感じてきました。

ソウルメイトとは、どんな意味でしょうか？

決して「韓国の首都ソウルにいる友達」ではなくて（笑）、英語で「魂の友」という意味です。

みなさんにとって、ソウルメイトと聞くと、恋人や結婚する相手のように思っている人がほとんどですが、ほかにもいろんな人間関係の場合があるのです。

双子の魂（ツインソウル）の場合、人生のパートナーの場合、そして、魂の宿題を片付けるのに大事な相手役の場合と三つの種類に分けられます。それぞれに興味ある大切な魂の友、ソウルメイトです。

でもやはり、恋人や結婚する相手としてのソウルメイトが、みなさんにとって、一番気になることでしょう！

人生はどんな人に出会うかによって、大きく流れが変わってきます。結婚や仕事や、かかわる人間関係によって、人生の意味が出てきます。それによって、魂が磨かれ成長して、さらに私たちは輝いてくるのです。人との出会いは、だからとても大切なことなのです。

精神科医という職業柄、ソウルメイトについて、よく質問を受けます。

カウンセリングに、過去生療法というユニークな治療法も取り入れているため、「この人は、私のソウルメイトでしょうか？　過去生では、どんな関係だったのでしょうか？」と聞かれることが多いのです。

いままで、「ソウルメイト」の本は外国の翻訳本ばかりでした。日本語で書かれた本はないかしらと思っていましたら、主婦の友社の大崎俊明さんから、ソウルメイトについての本をぜひ書いてほしいと依頼がありました。ちょうど、沖縄でこのタイトルの講演会をやったばかりで、同じ思いでしたので、ぴったりと思いが一つになって創ることになったのです。これも自然の流れかもしれません。

この本は、私がいままで、精神科医としてカウンセリングをしてきたなかで、感じたこと、体験したことをわかりやすく、ソウルメイトについて、さまざまな例をあげて解説をしていきます。えっと驚かれる、歴史的に有名なカップルも登場してきますよ！　どうぞ楽しんで読んでください。

この本を読むことで、みなさんが、ソウルメイトをさらに理解して、人生のすてきなパートナーにめぐり会えるお手伝いになれば嬉しいです。

また、すでに結婚されている方は、いまの伴侶にさらにやさしく自然に愛を注げるように、ヒントをたくさんお届けします。

今回の人生では、結婚よりも一人で、仕事に打ち込むかた、気楽に人生を楽しむかたも、人間関係を楽しむ方法として、ぜひヒントにしてください。

私たちの人生は、日々の人間関係からたくさんの学びがあって、それによって魂がさらに磨かれています。ソウルメイトを理解する過程で、「人生のしくみ」についてのたくさんの気づきが出てきて、ものの考え方が変われば、もっと楽しく人生をとらえられるようになると思います。人間関係のより良い改善のために、きっと参考になると思いますので、しっかり受け取ってくださいね！

では、ソウルメイトの不思議な世界へようこそ！

レッツ、ゴー、ソウルメイトの旅へ！

目次

第四章　ソウルメイトに出会うには

装丁　坂川事務所

第一章　ソウルメイトとは

ソウルメイトの意味

みなさんは、「ソウルメイト」という言葉をいつ頃から耳にするようになりましたか？最近は、それほど新しい言葉ではないくらい、よく聞く英語の言葉の一つになってきています。それも、耳ざわりのよい心地よい響きとして。アメリカでまず広がって、それが日本に上陸しています。「インナーチャイルド」と並んで心にぐっとくる外来語かもしれません。

ソウルはｓｏｕｌ「魂」の意味、メイトはｍａｔｅ「友」の意味です。日本では、「クラスメイトｃｌａｓｓｍａｔｅ＝級友」が一番身近な、誰でも知っている言葉として使われていますが、それを思って「ソウルメイト」をあらためて考えると、シンプルに「魂の友」と日本語に訳してもいいと思います。

世界的ベストセラー『前世療法』（ＰＨＰ文庫）を書いたアメリカの精神科医・ワイス博士が『魂の伴侶』（ＰＨＰ文庫）というソウルメイトの本を書いています。ある男女がそれぞれにワイス博士のもとを訪れて過去生療法をしたら、過去生で恋人同士でした。博士がキューピッド役をわざわざやらなくても、自然に二人は空港で会って、結婚へのプロセスを歩みました。「運命づけられた二人の出会い」というのが、何ともロマンティックで、心引きつけられます。しかもそれぞれに、モンゴル時代の過去生を退行催眠で思い出していますから、その運命的な流れに、不思議な縁を感じるのです。恋人になるのは、過去生でも恋人だったからなの？　と、魂の再会というプログラムにたまらない魅力を感じるからでしょう！

これは、**お互いがソウルメイトで、過去生でも縁があり、今生で結婚する場合に、ちゃんと会える「人生のしくみ」になっている**ことを、垣間見るような状況で、とてもおもしろく読めました。この本で「ソウルメイト」の言葉がしっかりと日本に紹介されました。それが、人気テレビ番組『アンビリーバボー』でも取り上げられて、さらに再放送もされ、映像として強く心に残った人も多いはずです。

みなさんも、似たようなことを体験していませんか？

最近、クリニックにいらした二十代の女性で、ちょうど「ソウルメイト」の悩みのケースがありましたので、ご紹介しましょう！

習っている英会話の先生、アメリカ人の男性から「君は僕のソウルメイトに違いない。この仕事はアルバイトで、本当は宣教師だ。その役目が終わったら必ず結婚したいから待っていてほしい」と言われて、びっくり。

それも、英会話教室ではなく、お酒に酔っていたときに出会って、「酔いをさますといいよ」とカフェに誘われて話をしていたら、その話になったそうです。話している彼をボーッと見つめていたら、お酒も手伝って、意識変容が始まり、急に彼の顔が細長くなって、細い髭の中近東の顔に見えて、白い服を着た昔の姿が二重に映し出され、びっくりしたそうです。このことをクリニックで聞かれ、私は、「それは、彼の過去生の姿よ！」と答えました。

それを聞いて彼女はびっくり！　彼から、ソウルメイトだと言われるよりも、過去生のイメージがはっきりと見えたことが、もっとインパクトがあったようです。

結局、彼は、宣教師の仕事が忙しいのか、その後連絡がなかったそうですが、しばらくして、また別のアメリカ人の男性と、お花見の席で知り合って、やはり、彼女はお酒で気持ちよく酔って彼と親しくなったら、前の彼と同じようなアプローチで「君は、僕のソウルメイトに違いない。結婚しよう」と言われて、「あっ、まただわ」と、似たような体験を続けてして、「これは、何かしら?」と、私のクリニックを訪れたのでした。

「まあ、アメリカ人の男性二人から、プロポーズされるなんて、うらやましい悩みね！すてき！」と、思わず本音を言ってしまいました。

二人の男性はともに、彼女よりも、二、三歳ほど若くて、背格好は違うのですが、性格が似ているのです。とても不思議ですね！　こんなときはそれぞれの魂の縁を謎解きするのが、楽しくなってきます。

最初の宣教師の彼とは、やはり彼女がカフェで見たような中近東の時代がイメージに出てきました。でもまわりに彼女らしき人が見当たらなくて、「あらっ、肝心の彼女が見当たらないわ！」と思ったときに、「私よ」と自分を指差す人がいて、よーく見たら、彼の守護天使さんでした。びっくりです。彼女に伝えたら、大笑いになりました。彼が、彼女と一緒にいると、落ち着いて、ほっとするのも、自分を守ってくれた元守護天使だったら、納得ですね。

彼女は「やっぱりね、彼とは、ツインソウルかもと思ったのです」。

「きっとそうよ、カフェで思い出したときに、まわりに自分を感じなかった？」と私が聞くと、

「いえ、彼しかいなくて、彼をじっと見ているだけでした」

「彼は双子の魂、ツインソウルでしょうね。だから、お互いにとてもいい出会いをして、それぞれの魂が活性化されたのね。彼は、逆に宣教師として、その後、大活躍をして、そこを抜け出せないでいるかもしれないわね」

次に、もう一人のアメリカ人男性との関係をひも解いてみました。

映画『バック・トゥ・ザ・フューチャー』に出てくる、両親の若い頃のよきアメリカ時代、丸っこいデザインの車に乗っている、若いカップルが登場。

彼がいまの彼で、助手席に座っているのがいまの彼女でした。

彼は、かなり無謀な運転で、それが原因で二人とも事故死していました。

今回、日本で再会したのです。初めての出会いではなく、魂が覚えていたので彼は「ソウルメイト」という言葉を使ったのでした。

「無謀だというのは、よくわかります。お花見の二次会に参加しないで、友達と車で帰っていたら、全速力で彼が自転車に乗って追いかけてきたのです。びっくりして、二次会に行くからと思わず引き返しました」

過去生で車の事故を起こしたので、次の人生では、必死に自転車を漕いでいる彼も、けなげで微笑ましいですね。過去生の縁のヒントをもらって、これから彼女が彼とどんな恋の続きを体験するのか、本当に楽しみです。

「お酒が入ると、ジェスチャーも話すのもオーバーになって、アメリカ人のように振る舞う理由がわかりました。アメリカ人だったのですね！」

自分探しのヒントもわかって、彼女はさらにチャーミングに輝いて見えました。

彼女の悩みはもう一つ。ベトナムが大好きな父親のことも、過去生でのつながりがわかって納得でした。やはり、シンプルにその国にいた時代も父と娘だったのです。かなり裕福な家庭で、毎日のようにお客さんがたくさん訪ねてきて、その時代の台所係がいまの彼女の母親でした。つまり、両親もソウルメイトで、過去生では身分の差があったのですが、今回の人生では、無事結婚できたのです。その当時は、彼女も自分の好きな人とは結婚できなかったので、父との葛藤を解消すべく、また親子になったのでした。これも魂の宿題を片付けるための出会いとしては、ソウルメイトだといえるでしょう！

「先生、いまも父は、過去生と同じように、よく家に人を泊めたり、この間も留学生を泊めました。友達を訪ねてその国に行っても、似たようなことをしています。習性は変わらないのですね」

「今回の人生で、自分の納得いく結婚をすることが、とても大切なのね！」

きっと彼女は、自分の思いどおりの人生を創っていくのでしょう！

彼女のケースを通じて、ソウルメイトの意味についての解説ができるので、「いまちょうど、ソウルメイトについての本を書いているの。ぜひあなたの話を紹介させてね」とお願いしました。まさに、すべてはベストタイミングで起きています。

ソウルメイトの種類

ソウルメイト（魂の友）には、三つの種類があるといわれています。

（1）ツインソウルとしてのソウルメイト

双子の魂の意味です。代表的な例は、亡くなったダイアナ妃とマザー・テレサだと思います。マザー・テレサは、ダイアナ妃が亡くなってちょうど一カ月後に、後を追うように亡くなりました。そのとき、やはり、お二人はツインソウルだったと納得しました。

まったく違うタイプの性格ですが、それぞれにないものがあって、お互いに引き

あい高めあえる、そんな関係です。もちろん、恋人や伴侶のなかにも、ツインソウルはいます。まったく違う個性がお互いの持っていないものに引きあって、カップルになる場合です。意見が違うと喧嘩もしますが、お互いが助けあって、補いあうというすばらしい面もあります。お互いのよさを尊重しあえれば、理想的なカップルになれます。

師弟関係でもツインソウルがあります。最初は、違いすぎて付き合いにくいと感じますが、そのうちお互いに引きあう、いい刺激を与えあう関係になれます。

(2) 人生のパートナーになるソウルメイト

これが**恋人や伴侶になる相手**のことです。たくさんの生まれ変わりの体験では、同じ相手、魂とくり返しているようです。男女が入れ替わることもあります。多くの女性は、この意味のソウルメイトを意識して、探し回る運命のなかに生きています。今回この本を手に取ってくださった方のほとんどがこのソウルメイトを感じていると思います。私も、最初は同じように考えていました。

ソウルメイトを意識して探すことが、若い女性の間で話題になっているようです。ソウルメイト探しは、とてもわくわくすることですから。同じパートナーでも、プライベートだけでなく、仕事のパートナーも兼ねている場合はさらに、二人の魂としての縁は濃くなります。たくさんの時代に出会っていて、さまざまな関係を体験してくると、仕事もプライベートも兼任のパートナーとして、この〝人生の出会い〟の総集編の時代をともにする絶好の相手となります。喜びも悲しみも分かちあうソウルメイトです。

(3) カルマの解消をするためのソウルメイト

魂の宿題を片付けるために必要があって出会っていますから、かなり言い争ったり、さまざまな状況でからみあいます。決して心地よい関係ばかりとは限りません。むしろ会ったときに、「アッ、この人とは合わない！　だめだわ！」と直感ではっきりわかるときには、過去生で戦ったり、争ったり、恋人を取りあったり、妬んで意地悪をしたりされたり、あまりいい思い出が残っていません。この場合、やり残しをしたり、頑張って仲直りをしたり、前とは違った体験をする意味がありますので、なるべく逃げないで、きちんと取り組んでみましょう！　家庭で、親戚で、学校で、職場で、近所で、あるいは、ＰＴＡの活動の場で、といろんな場面で、出会うようになっています。ベストタイミングにベストな場所でちゃんと出会っていますから、魂の宿題と思って、チャレンジ！

では、この三つのソウルメイトの種類について、詳しく解説していきましょう！

ツインソウル

字のまま説明すると、双子の魂のことです。ただ、双子といっても、人間の双子のように、そっくりではありません。むしろ、性格がまるで違うことが多いのです。

例えば、古い日本の神話のなかにも、見つけることができます。

天孫降臨を行った邇邇芸命（ニニギノミコト）が旅のときに、世にも美しいすばらしい女性と出会い、妃にもらいます。その女性の名は、この花の咲くや姫＝木花之佐久夜姫（コノハナサクヤビメ）といい、富士山のふもとにある浅間神社に祭られています。そして、彼女の父親、大山津見神（オオヤマツミノカミ）は婚礼のときに、木花之佐久夜姫だけでなく、姉の石長姫（イワナガヒメ）も一緒に后に出します。二人は姉妹でひとつだと父親は考えていたからです。

姉の石長姫は、とても醜い容姿で邇邇芸命は断りますが、結局は、しかたなく二人をもらい受けます。そうしたら姉の石長姫は、思いのほか役に立つ掘り出し物的な人物。愛情が深く頭もよくて、知恵にあふれていて、大助かりだったはずです。

妹の木花之佐久夜姫は、美しさとパワーに恵まれていました。姉妹で女性としての四つの特質、美・力・愛・知を持ち合わせていたのです。このように二人合わさることで、最高のパワーを発揮できるのも〝ツインソウル〟の特徴です。姉の石長姫は、富士山の五合目、小御嶽神社に祭られています。

しかし、邇邇芸命は、醜い石長姫を連れもどしたために、永遠の命が絶えて、まさに花のように散って、寿命が生じるようになったのでした。やはり、男は、美女に弱い！

この神話は、「駿河なる富士の高嶺に祭られた女神『木花之佐久夜姫』の物語」として歌舞伎の世界でも表現され、祝祭劇「佐久夜」として上演されたことがあります。

さらに、この神話の姉妹姫の話は、そのまま現代のツインソウル、ダイアナ妃とマザー・テレサに通じるものがあるのです！

ダイアナ妃は、夫のチャールズ皇太子が結婚前から付き合っていた、カミラさんとのことを悩んで、うつ状態になり、摂食障害も伴って、拒食と過食をくり返していたようですが、公式にマザー・テレサに会ってから、まるで霧が晴れるように、もやもやしていた感情エネルギーが、潜在意識から解放されて、久しぶりに笑うこともできました。

マザー・テレサは、とてもユーモアと知性があふれる女性なのです。もちろん、一緒にいるだけで、会話をするだけで、やわらかくて温かい波動を受けられて、彼女の波動圏にいるだけで癒され勇気をもらえて、潜在意識の奥にある本当の自分＝光の部分から、光があふれ出てくるのです。きっと、悩んでいたダイアナ妃にも、光明がさしてきたのでしょう！

その後、ダイアナ妃の表情は和らいで、うつ状態が軽くなり、奉仕活動に身が入って、生き生きとしてきました。とてもいい時期に、マザー・テレサに会うことができました。やはり、すばらしい「人生のしくみ」です。

ダイアナ妃が交通事故で亡くなられてから、ちょうど一カ月後に、まるで後を追うかのように、マザー・テレサもあの世に帰られました。そのとき、本当にお二人は、ツインソウルに違いないと、しみじみ思いました。

日本の神話にたとえるとすると、ダイアナ妃が、美とパワーを持つ妹の美しい木花之佐久夜姫で、マザー・テレサが、愛と知恵を持つ姉の石長姫です。二人あわせると、みごとに最強の女性性、女性エネルギーを体現できるのです。

まだ、ダイアナ妃が結婚する前でしたが、私が富士山に登り、ご来光を拝んだときに、眩しい太陽の光、黄金の輝きのなかで、「**妹の木花之佐久夜姫と、姉の石長姫が、いよいよ統合されて、女性の時代が来る！**」と直感の形で力強いメッセージが届きました。

そのときはもちろん、お二人がツインソウルとは知りませんでした。意識がまだ固かったので、別々の存在として感じていました。

ダイアナ妃が嫁がれるときに、エネルギー的にはどう見てもしっくりこない結婚だと感じましたが、まさかチャールズ皇太子が、エリザベス女王にカミラさんとの恋を反対されて、やむなく別々に違う人と結婚することにしたとは思ってもみませんでした。みなさんも同じ思いだと思います。

結局ウイリアム王子は、母親にダイアナ妃を選び、カミラさんではなかったのです。**子供は両親を選んで生まれてきますから、案外恋愛のキューピッドが子供だったりするのです。**

表面的には、エリザベス女王が反対したからこうなったと結論づけたいところですが、もっと深く人生の意味を解釈すると、むしろ、ウイリアム王子の母親選びの意見が強かったので、ダイアナ妃との結婚が先になったのかもしれませんね。

さらに、過去生の関係で、ダイアナ妃とカミラさんとチャールズ皇太子の三人の三角関係がきっとあるのでしょう。おそらく、立場は逆転していたと思います。

ダイアナ妃が英国王室に嫁がれてから、マザー・テレサのインドでの活動も本格的になり、お二人の接点ができてから、マザー・テレサがノーベル平和賞を受賞。そして、ダイアナ妃の思いがけない死。続いて、マザー・テレサの死。ダイアナ妃がうつ状態になった原因の、カミラさんとチャールズ皇太子が結婚するときに、ローマ法王の死がみごとに重なりました。まるでマザー・テレサが、ローマ法王に頼んだかのように、みごとなタイミングです。葬儀と結婚式が同じ日、四月八日（ブッダの誕生日）に重なって、エリザベス女王が秋に延ばしたらという提案をしたのですが、チャールズ皇太子はその意見を拒否して、翌日に結婚式を決行しました。

三十年間の長く忍ぶ愛を結実したい、チャールズ皇太子の強い思いが、ひしひしと感じられます。三十年間も待ったら、後に引けないでしょうね。五十歳を過ぎて、ようやく本音を語ること、本音で生きることを始めたのです。しかも、きちんとひざまずいてカミラさんにプロポーズしたそうです。

ブラボーです。男として、恋愛を結実するには、結婚という形が最高の愛の表現だと思ったからでしょうね。筋が通っていると思います。それも、ごく庶民的な結婚式でした。それは自ら、王位継承から退きたいという、意思表示だと思います。

それはそれで、一つの人生の選んだ道だと思います。

ダイアナさんも、今頃はほっと一息、休憩をされていると思います。

きっとマザー・テレサと、仲良くお話ししているかもしれません。いろいろ想像すると楽しいですね。

人生のパートナー

人生のパートナー選びについては、誰もが人生のなかでとても気になる問題です。

私の母の名言（明言？）に、「結婚は、はずみでするものよ！」というのがあります。

これは、本当に名言かもしれません。あまりにも理想の相手を追いかけ慎重に選んでいると、どんどん月日がたってしまって、あれま〜という時期を迎えてしまうのかもしれません。

私も、パワフルな母からちょっと距離を持ちたくて、母性豊かな（？）男性と結婚しました。一度お別れした後、運命的に再会して結婚したのですが、子供ができないことで、やむなくお別れとなりました。彼のおかげで、イギリスへの留学の道が開けて、いまの自分があります。とても必要な出会いだったと思います。

後から、過去生療法で、お互いの過去生での関係が謎解きできて、人生の意味がわかると、ストーンと腑に落ちて、納得しました。その過去生療法が、後に自分の仕事に影響して、自分自身が過去生療法をすることになったのですから、パートナーの問題が仕事にまで大きく影響することも、これまた不思議な流れですね。

その過去生は、漫画『不思議クリニック』(朝日ソノラマ)や、最初の著書『生命の子守歌』(PHP研究所)にも紹介しましたが、初めてこの本を読まれるかたのために、ぜひ紹介したいと思います。

それは私の人生にとって、衝撃的な出来事でした。アメリカ人の友人から、ヒプノセラピィ(過去生回帰の催眠療法)を受けてみないかと誘われました。

実際に私の目前に、映画のように、動くイメージが出てきて、自分は金色のぴったりとしたドレスを着た、長い髪の舞台女優でした。出てきた場面は、愛していた恋人の子供を宿して、嬉しくて彼に報告しているところでした。しかし、「子供はいらない、堕ろせ」と彼に言われて、大ショックを受けている様子が、はっきりと見えました。彼女は彼を失いたくなくて、黒ずくめの老婆から子供を堕ろせるという怪しげな薬をもらって飲みました。体中が茶色になってしまう強烈な反応の後、望みどおりに子供を流産で亡くし、自らの健康も、美貌も、スピリチュアルな能力も失って、神の存在を否定しながら亡くなりました。そのときの恋人が、今生の一番目の夫だと知って、びっくりしました。今生は、私に子供が産めないことで、離婚になったからです。今生の人生プログラムは、女性の幸せといわれる、結婚、出産、子育てのコースを選ばずに、子供を産めない病気をプログラムして、医師になるコースを私自身が選びましたが、そこにも過去生のいきさつが隠されていたのです。

宗教では、「カルマ（行為）の解消」という表現をします。でも説明を変えれば、「逆の立場になって、相手の気持ちを理解して魂が成長する」と言ってもいいでしょう。

私は今回、子供を産めない悲しみを味わうことで、エジプトで子供を産めたのに、堕胎してしまったときの罪悪感を解放しました。彼は、今回子供が欲しくても手に入らないことで、その寂しさを味わって、子供を産んでくれる人を求めて再婚し、子供を持って幸せを味わえました。

それぞれに、大きな深い意味がありました。

過去生の謎解きをして、自分の出会いと別れの意味が、深く理解できました。いままではまったく後悔していませんし、むしろ、感謝の思いです。

すべてをあるがまま、受け入れることができます。とてもありがたいことですね。

もう一つのケースをご紹介しましょう！


ヒーリングスクールの生徒さんで、すばらしいパートナーと出会ったかたがいます。シンガポールへ旅行に出かけたとき、同じホテルの隣の部屋に泊まっていたパキスタン人の男性とロビーで知り合い、お互いに会った瞬間、「きっと、この人と結婚する！」と強く直感で思ったそうです。彼のほうも「あっ、やっと会えた！」と思ったのでした。

しかも偶然、部屋が隣同士で、その思いが確信になり、翌日には二人でシンガポールの役所に婚姻届けを出しに行ったら書類が足りなくて、二カ月後に、彼が日本に来ることになりました。なんとウルトラスピード結婚なのでしょう！　ブラボーです。

すべてがとんとん拍子で進み、彼女のほうは再婚だったので、運よく両親はもう好きにしていいという感じで、相手がパキスタン人という国際結婚でも、反対や抵抗がなかったそうです。

一度、日本人と結婚したことが、ちゃんと二人の出会いにプラスに働いていました。やはり、すべてはうまくいっている!

むしろ結婚してから、彼が日本に住んでくれることになり、彼女にとっては、好都合でしたが、9・11事件の後、イスラム教徒というだけで白い目で見られ、つらいことが多々出てきました。そのたびに、「この結婚でよかったのかしら」と次第に不安を募らせてきました。

沖縄でのヒーリングスクールに応募した頃が、悩みの最高潮だったようです。一回目のハンドヒーリングとスピリチュアルアロマセラピーの学びのときは、まだ心が閉じていて、縮こまって震えていました。

私も彼女に、「もっと心を開いてもいいのよ! ここは大丈夫だから! スクールの間、どんどん自己変容が起きて、本来の自分らしく、ほどけて、輝いて、楽になってくるわよ!」と話しかけていたら、二カ月後の二回目のクリスタルヒーリングの学びのときには、まるで別人のように明るく伸びやかに自己変容していました。

「先生、私ね、十七年間勤めていた公務員をやめちゃったの！　本当にやりたいことをしたくなって、彼にも言ったら、好きなようにしていいよって！」

「よかったわね！　でもどうして急に？」

「先生の誘導瞑想のCDで自分で過去生を思い出せる『森の瞑想』を聞いているときに、彼との過去生がバッチリ出て、自分で確認ができたの！　私が仏教徒の男性のときに出会ったイスラム信徒の女性がいまの主人で、黒い布で顔を隠していたのだけれど、目を見て、一目惚れしてしまったの。だから、シンガポールで初めていまの主人に会ったとき、彼の目を見て、『知っている、懐かしい、この人だわ、結婚するのは！』とわかったんです。過去生では、異教徒を愛してしまったことで仏門から破門されましたが、今生、お互い異国のシンガポールで再会することになって、やっと一緒になって結婚できたのですから、大切にしなくてはとしみじみ思えて、いままでのつらいことがすうっと消えていきました。いまはとても気持ちが楽です。仕事をやめて疲れが取れて、余裕ができたせいか、ますますゆったりと毎日を噛み締めながら生きています。いまとっても幸せです！」と本当に、輝かしい笑顔がそれを物語っていました。めざましい自己変容にブラボーです！

こうやって、偶然のように出会い結ばれていくのも、ちゃんと魂の歴史からひも解くと、不思議な人生の意味が隠されています。

同性同士でもすてきにビビッとくることがあります。過去生で人生のパートナーだったけれど、今回はお互いに困った時に助け合う親友になる間柄の場合です。お互いの伴侶が焼きもちを焼くぐらい仲良しで一緒にいるとルンルン気分です。

「私達、過去生で恋人か夫婦だったかも！」と大いに盛り上がって下さいね。そして今回の組合わせはちがうことを確認して今の夫婦を優先してあげて下さい。トラブルを回避できますよ！

みなさんの場合は、いかがですか？

魂の宿題の相手として

親子でのかなりの葛藤がある場合、お互いが魂の宿題の相手だということが多いように思います。特に、クリニックでたくさんの親子関係の悩みを伺いますが、**どうしても今回の人生で解消したい感情がお互いの魂に残っている場合に、親子関係を選んでいる**ようです。夫婦だと別れることができますし、兄弟姉妹では、子供の頃は喧嘩しても、それぞれが結婚すると疎遠になってしまいます。友達では、嫌になればそれっきりです。やはり、きちんと向き合うには、親子関係が一番やりやすいのです。その場合、とってもハードで濃厚な関係として、人生のなかでかなり大切な部分になります。エネルギーも時間も取られますが、それだけの価値がある人生の癒しです。

もしみなさんが、ちょうどこの課題に取り組んでいる場合は、思い直してしっかりと腹をくって、もう一度、仕切り直してみてください。

自分はとっても難しい人生の問題に取り組んでいる、チャレンジ精神が旺盛なのだと認めてみてください。

私も、両親との葛藤を体験しました。それぞれにきちんと向きあい、本音を泣きながら語って、いまではいい関係になっています。それによって自分のなかの、男性エネルギー、女性エネルギーのバランスが取れてきました。そして、さらに統合されて、創造性が開いてきました。ですから、やっかいだからといって、後回しにしておろそかにはできません。

大切なのは、「いまの感情」をしっかり言語化して、相手に伝えることです。

相手が感じないように麻痺させて黙っていると、感情がたまってきて、いつか爆発します。なるべく、きちんと言葉にします。たとえつたなくても、何とか相手には伝わっていきます。まず、その努力をしてみることです。それには、過去の感情を表現するよりも、**「いまどんな気持ちでいるか」だけに集中して話をすると、自分の感情を言っているので、相手を批判しないですみます。**

その後ついでに、「実は昔の話だけど、あのときも、こんなに傷ついていたの」と話せば、いまの延長になって、相手はすんなり話を聞いてくれると思います。

よく、本音を話すと相手を傷つけるから、黙っておいたほうがいいと思い込んでいる人が多いように思います。しかし、これは錯覚です。いろいろ試してみると、**本音を言ったほうが、そのいい流れがまわりにも伝播して、さざなみのように心地よく広がります。**

「本音と建前」の「建前」が追いやられて、お互いに「本音」だけが、語られるようになります。いったんそうなると、みんなそのほうが心地いいので、やめられなくなるのです。本音を語ることは、本当の自分を表現することになり、パワーアップして輝いてくるので、まわりの評判がとてもよくなります。

「何かいいことあったの？」

「最近、若返ってない？」

と言われるようになったら、これはいいサインです。順調に本音を話せているのです。

そして、親子関係だけでなく、ほかの人間関係でも、いい変化が起きてきます。地上での経験のなかで、やはりなんといっても、人間関係から学ぶこと、それによる魂磨きが大きいと思います。

親子の次に濃厚な関係が、夫婦でしょう！　これはどの時代も、文化や国が違っても、どこでも同じように、魂磨きには最高の体験です。懲りずに何度も結婚を体験する場合は、今回の人生でどうしても解消したい感情のパターンをいくつか持っていて、相手が一人では網羅できないときに、複数を選んで、息継ぎしながらこなしていくのです。これも大変ではありますが、チャレンジと思えば、考え方を変えることで何とかこなすことができ、ある程度悟ってくると突き抜けて楽になってきます。

いまは、どちらのコースで魂磨きをしていますか？
親子のコース？
夫婦のコース？
それとも仕事関係のコース？

いずれにしても、磨きあっていることは、決して無駄にはなっていません。
長い永遠の生命という流れのなかで、とても大切な「いま」ですから、磨きあっている

相手、〝ソウルメイト〟を大切に思って、ちゃんと向きあってみましょう！

「いま」を大切に味わうことが、早道です。過去をいじらなくても、「いま」感じられる感情をしっかり、消えるまで感じていると、いつのまにかすっきりします。セルフヒーリングセミナーのなかで、ある参加者の女性が、

「先生、いまの私の感情のなかにしっかりいて、それを味わっていいのですよね？」

「大丈夫よ、感情をため込んだときは感じなくて、抑圧したから残っていたの。今回はじっと味わって、受け入れてみたら。まるで氷が溶けるように、すっと気持ちよく消えていくわよ！」

という、とても意味深い、対話ができました。

魂磨きの相手としてのソウルメイトの場合は、潜在意識に残っている感情を再び味わって解放するために、そのときの状況を再現する大事な脇役です。

悪役スターのときもあります。ウルトラマンだけ何十人いても、怪獣が一人もいないとドラマになりません。でもそのうちに、お互いに着ぐるみを脱いでお茶をしながら談笑す

るようになってきます。

実は、この世とあの世のしくみが、それに似ています。ウルトラマンと怪獣の着ぐるみを着て戦っているのが地上。着ぐるみを脱いで、「あのときすごかったよね～」と思い出を語りあいながら、楽しく談笑しているのがあの世です。

二十一世紀になると、この世があの世のようになってくるのです。いまは、いろんなことが起きていますが、それも、個人レベル、国レベル、地球レベルで解放しているのです。解放した後は、すかっとさわやか、光があふれて、楽しい世界になってきます。

魂磨きのソウルメイトも大切にしましょう！

第二章　ソウルメイトとの再会

ソウルメイトだと感じるとき

ソウルメイトに会ったときに、どんな感じがするでしょうか?

「あっ、知っている、初めてではないわ!」

「この人と恋愛しそう」

「きっと親友になるわ!」と直感で感じるか、

「この人ときっと結婚するわ!」と理由もなくただわかる場合、
そして時には、ビビッと電気が走るような感じがしたり、体が揺れたり、ざわざわと鳥肌がたつという表現をする場合もあります。

潜在意識を通り越して、魂の部分、光の部分が揺さぶられるほど、大切な出会いであることを、体が反応して教えてくれているのです。

直感や衝動は、とても大切なメッセージです。これこそ魂との直通電話なのですから、必ず耳を澄ませて従ってみてください。きっと思いがけないすてきな展開になっていくと思います。

たとえ、本人に直接会わなくても、直感が働くことがあります。

その人のエネルギーをどこかで感じていればいいのです。例えば、名前を聞いただけで、「あっ、その人だ！」とわかるときもあります。その人の名前の響きにエネルギーを感じ取るからです。

ふとしたときに、誰かの忘れ物に触れただけで、はっと気づくことさえあります。忘れ物を手にしたときにドキッとして、この気持ちはなんだろうと不思議に思っていると、案の定、相手から電話がかかってきて、取りに来たときに、お互い何か感じるものがあって、付き合うようになったケースもあります。

ほかの二人がその人の話題を語っているだけで感じることさえあります。友達二人が話している様子が気になって、わざわざその人のことを聞き出して、どうしても気になるので紹介してもらったら、本命の人だったこともあります。名前や体の特徴がわからなくても、その人の醸し出す雰囲気なのでしょうね！　すばらしい直感力です。

ある人は、その人が飼っているペット、犬や猫から感じた場合もあります。トリマーの友達を訪ねて、そのときへアカットをしていた犬が気になって、終わるまで待っていて、飼い主が現れたら、その人が付き合う人だったこともあります。

友達からホームパーティに誘われて、いつもなら断るのに、なぜかどうしても行ったほうがいいという、直感に従ったら、友達の兄が連れてきた友人が、付き合う人になっていたこともあります。

本当に、どこに縁が待っているかわかりません。共通しているのは、直感でちゃんとわかるということです。

今は、兄弟姉妹の友人、友達の紹介、職場が同じ、旅先で知り合う、インターネットで、親戚の世話好き伯母さんの紹介で、合コンで、結婚相談所で、などさまざまな出会いの場があります。

もちろんそこには、見えない世界の応援もたくさんあるのです！

それが、守護天使と自分を親に選んでくれた子供の魂です。

前著『だれでも思いどおりの運命を歩いていける！』（青春出版社）にも書きましたが、親が偶然子供を産むのではなく、**生まれる前から、人生計画を立てた子供が親を選んでいるという「人生のしくみ」がある**ようですから、そうなると、生まれてくる子供の魂が、空から、両親がちゃんとお付き合いをするように見守っているのです。時には声援を送ったり、応援のエネルギーを送ったり、まるで愛のキューピッドのような働きをしているようです。

もしかして**愛のキューピッドは、二人を両親に選んで生まれてくる予定の魂なのかもしれません。**これは、新説？　小さいようで、とっても大きな親切かも？

実際に、それを裏付けるデータを集めた、興味深い本を紹介しましょう！

ジョナサン・ケイナー編『お母さんをえらぶ赤ちゃん』（説話社）です。誕生を記憶する赤ちゃんについて、世界中の投稿記事を集めた、わくわくする内容が書かれています。

その本のなかで、とても印象的だったのは、**デートするお母さんを空から見ていたという**ケースです。

「私の妹には、不思議な記憶があります。生まれる前の記憶です。『私はお母さんを選んで生まれてきたんだ』と言っています。生まれる前に、空から両親を見ている記憶から始まるそうです。そこでは母と父がお城の川べりをデートしている光景が見え、ほかにも何組かのカップルがいたそうです。妹はどの女の人にしようか悩んだ末、今の母が一番やさしそうな女性に見えたので、母に決めたそうです。その時、母が着ていた、ワンピースの柄や色までも覚えていて、実際に熊本城でデートして、その時着ていたワンピースが妹の言っていたのと同じでした」

『お母さんを選ぶ赤ちゃん』ジョナサン・ケイナー編、竹内克明訳（説話社）

びっくりでしょう？

母親は、結婚前のデートのことまで、子供に話しませんもの。しかも着ていたワンピースの色や柄まで！　本当にこのケースの話を読んだときに、やはり、**子供が親を、特に母親を選んでいる**ということを、認めざるを得ないという気が心底しました。

もう一つ、天使がお空から地上に送ってくれた話。

「私の娘はカナダのヴィクトリア州で生まれました。彼女が六歳のときに、太陽が沈みかかかっているころ、空は美しい色であふれていました。『ママ、空と雲がとてもきれいね。私が雲の中にいたとき、一緒にいた天使たちが私を地上に送ってよこしたの。ママと一緒になるためよ。天使たちはとてもやさしかったのよ。ママの姿を私に見せてくれたの』」

彼女の母親はあまり驚きませんでした。娘さんが二、三歳の頃、前世の記憶だと思われることを話したことがあるからです。一緒にお風呂に入って遊んでいたら、突然アイルランドなまりの古い英語でしゃべったのです。それもくり返して。きっと、昔アイルランド人だったのでしょうね。

地上に降りてくるときに、ちゃんと守護天使がエスコートしてくれるのは、安心です。

私たちもそうやって、わくわくして地上に生まれ変わってきたのです。

ソウルメイトグループ

ソウルメイトにも、グループがあるの？

どうもあるようですよ！

同じ本から、びっくりする話を見つけました。これは、オーストラリアのある女性のケースですが、遊びの精神で人生の計画を立てたという、これも、目からウロコが落ちるような内容です。ぜひみなさんにお知らせしたくて、少し長くなりますが、紹介したいと思います。


「私の場合、両親を選んだ記憶はありませんが、現世で体験するチャレンジの数々を自ら計画した思い出があります。私は、十人から成るグループの一員であり、そのグループは

さらに大きなグループの一部となっていました。私たち十人は、お互いの人生が絡み合い、それぞれの人生で、何らかの〝役割〟を演じるよう計画を立てました。現在私は四十一歳ですが、これまで九人のうち五人と出会いを果たしています。そのうち、私と同じ記憶を持っていた人はひとりだけでした。その他の四人は『どこかでお会いしませんでしたか？』的な記憶を持つにとどまっていました。

私は現世が地球での最後の人生になるような気がします。今回私は、自分の好きな人生を選ぶ自由が許されていました。そこで私は、霊的に面白く、現実面では複雑かつ困難な人生を選ぶことにしたのです。

そこで私は、九人の人々に、私をだましたり、注意散漫にしたりするよう頼みました。それどころか、私を危険な目に遭わせるようお願いした記憶さえあります。

それらの段取りはすべて霊界で行なわれました。そのため具体的な内容をお伝えすることはできません。しかし、子供のような純真な感覚があったことは確かです。

みんな笑いながら、みごとなチャレンジやどんでん返しを考え出し、『果たして対処できるだろうか』などと話し合った思い出があります。自分の目的を思い出せるかどうかさえ自信がありませんでした。でも〝遊び〟の精神がそこにあったことは確かです。

この現象、地球が進化する一環として起こっているのではないかと思います。それによって私たちは、将来人類を待ち構えている変化を、もっと容易に受け入れられるようになるのでしょう」


いかがですか？　びっくりされましたか？

すばらしい内容でしょう？

ソウルメイトについての情報がたくさん書かれていますね。

十人が一つのグループというのも、一クラスという感じです。

東京時代のある自閉傾向のある患者さんで五歳の男の子が、どうやって生まれてきたかを絵で描いて、説明をしてくれたことがあります。

宇宙船に十人が乗っていて、そのなかに、保育園で一緒だった子もいるそうです。

『人生の癒し』（徳間書店）を書いたときに、魂の兄弟姉妹の話をしましたが、そのときは、十二人単位でした。**ソウルメイトは十人で、魂の兄弟姉妹とは違って、「旅芸人」の**

ような感じだと、直感で教わりました。

これらの自分で体験した内容と、この女性の話が一致するので、ますます楽しくなってきます。

しかも、**今回の人生が地球での最後の人生になると明言していますが、そんな人々がいまの時代にとても多い**のです。

何しろ、いまという時代の特徴が、文明の発達のおかげで自由に世界中を旅することができるし、さまざまな体験が密度濃くできるために、いままでの人生体験の総集編として人生計画を立ててきた人が、とても多くなるのです。彼女と同じように、霊的におもしろく、現実面では複雑かつ困難な人生を選んでいます。私も同じです。地球での人生は今回で最後のようです。**とても欲張って、複雑な人生を自ら選んでいるのです。だから、まったくの自己責任、自己波動責任なのです。誰のせいにもできません。**

しかも、その複雑な人生を創りあげるのに、九人のソウルメイトに頼んで、わざわざ自分をだましたり、いじめたり、危険な目に遭わせたりするように頼んでおいたというのも、びっくり！　沖縄の方言では、「あきさみよ〜！」です。

人生の舞台の配役は、自分で選んでいるのですね！　しかも、いじめる役とか、悪役スターは、本当に霊界で仲良しのソウルメイトにしか頼めないようですね。だって、あまりいい役ではないから、特別仲良しのソウルメイトにしかお願いできないのです。今生で最初とても仲良しだったのに、急に悪役スターに役柄が変わってしまうことがあります。それでも、やはりソウルメイトです。

私の大好きな、実践哲学の本『神との対話』（サンマーク出版）を書いたニール・ドナルド・ウォルシュさんが創った、美しいフォトブック『神との対話フォトブック――ちいさな魂と太陽』（サンマーク出版）がありますが、そこにも、すばらしい対話が書かれています。

「わたしたち、なんどもなんども、いっしょに踊ったじゃないの。
永劫の時をこえ、あらゆる時代をこえて、わたしたちはいっしょに踊ったわ。
……男性であり女性、善であり悪。そして被害者であり、加害者なんだわ。
……そして、相手がほんとうの自分を表現し、体験するための完璧なチャンスを与えあってきたの」……友情あふれる魂は、つづけました。
「あなたのつぎの人生では、私が『わるい人』になるわ。そして、とってもひどいことをする。そうしたら、あなたは『ゆるす』ということを体験できるのよ」
『神との対話フォトブック——ちいさな魂と太陽』ニール・ドナルド・ウォルシュ著、吉田利子訳（サンマーク出版）

これも〝あきさみよ〜〟の内容ですね。**友達が「許す愛」を体験するために、わざわざ「とってもひどいことをして、悪い人」になる**のです。

まさに、悪役スターを演じるということになります。あの世に帰れば、前の会話をまた思い出すのでしょうね！

二人の人生が終わって、あの世に帰ってからの会話をちょっと想像してみました。

「今回の人生はびっくりだったね。君があんなにひどいことをするなんて、本当におどろいたよ。僕は心が傷ついて、落ち込んで、何も手につかなくなった……」

「そうよ、あなたが、許すことを体験するために、振動を遅くして重くなって、本当の自分とは、まったく違うふりを一生懸命にしてみたわ。どうだった？」

「すごかったよ。本当に、怖いぐらいだった。すっかり裏切られた気分だったよ。でも、そんな君を許したよ。僕は、許せたことが嬉しい！」

「私も、あなたが許してくれて、とても嬉しかったわ！　許すという体験がうまくできたわね！」

「ありがとう！　君に頼んで本当によかったよ。この役は、誰にでも頼めないからね。今度は僕が、いじめ役をしてあげようかな？」

「そうね。次は逆の立場を体験してみましょう！」


と、こんな具合になるでしょうか？

いかがでしょう？　いままでの考え方が、変わってきませんか？

人生のしくみは、深い味がありますね。表面的にとらえているだけでは、深い人生の意味を理解することは難しいです。だんだんと**人間関係の学びが進んでくると、さまざまな**

情報が自然に入ってきて、意味が理解できるようになります。愛を学ぶ、あるいは、思い出すのにぴったりの場所が地球なのです。

地球で最後の愛のレッスンが、「許すこと」なのです。

たくさん人生を体験してきて、今回がみごとな総集編だとすると、芋づる式に謎解きができて、たまらなくわくわくわくしてきます。

謎解きゲームのようなものです。

エゴがそう叫ぶので、自分は最高の被害者だと思い込んできたのに、加害者に頼んでいたとわかると、本当にがっくりですね。でも逆に、それがわかると、許すことができます。そして、憎い敵と思っていた相手が、心からいとおしくなってきます。とても不思議な感覚ですね。やはり、**意識を変えることが、問題解決の近道ですね。**

ベストタイミングとベストな場所と

ソウルメイトに出会うタイミングと場所にも、きっと意味があると思います。

以前、本にも書きましたが、ある日本人のカップルは、それぞれがインドに惹かれて一人旅をしたら、ある気になる橋の上で、二人が出会います。最初は旅の日本人と思って、挨拶を交わすのですが、短い会話なのに日本に帰っても気になって、一カ月後にまたその橋の上に行ったら、相手も来ていたという劇的な実話です。さすがに二回目はじっくりと語りあって、結婚を決めたそうです。すてきですね。

最近の患者さんに、オーストラリア版があります。それぞれが旅先のオーストラリアで出会い、また出会い、さらに出会って、そして四回目にさすがにすごく縁があるとお互いに認識して、それぞれ結婚願望がそれほどでもなかったのに、四回も同じ国で約束せずに出会ったことで結婚を決意してしまうという、相手とじっくり付き合って確認しなくても、タイミングと場所のシンクロに感動して結ばれる場合もあるのですね。

もちろん、海外ばかりではありません。日本国内でのほうが圧倒的に多いのですが、ちょうど海外版の話があったので紹介してみました。前述したインドやオーストラリアの場合は、それぞれのカップルの過去生での縁の場所でした。魂が再会するときに、魂の故郷でというシナリオがロマンティックに書かれているのです。すてきですね。

みなさんのなかにも、このタイミングと場所には意味があるはずと、そちらに感動して、決定要因にしてしまうこともあります。どんなに親が心配して、たくさんのお見合いをしてもピンとこなくて三十代に入ってしまって、自分の直感を信じていたら、電車のなかで同窓生にばったり再会して、「この人だわ！」とピンときてすぐに結婚したケースもあります。「必ず、私のベストパートナーはいる！」と固く信じていたことが実現しました。

この信じる力が大切です。

私も、大丈夫と信じる力だけは、人一倍強いです。そして、**直感を信じる生き方**に大分慣れてきました。**気が進まないときは、やめたほうがいい。気が進むときは、まわりがい**

くら反対しても、進んだほうがいいというシンプルなことを、たくさんの経験から体得しました。人間関係だけでなく、すべての選択、決定にいえることではないでしょうか？

出会ったときの最初の感覚、直感が当たっています。その後に、潜在意識のエゴ（＝偽者の自分の感情）がいろいろささやいてくるのです。それは、ほとんどがマイナスの響きです。気持ちが暗～くなることが、エゴのささやきです。

逆に、元気に明るくなるメッセージは、守護天使からの励ましや光の部分（＝本当の自分）からのメッセージです！　シンプルに見分けることができます。気持ちが暗くなるか、明るくなるかです。

出会いのタイミングも、生まれてくる前に自分の魂さんが、「今回の人生でこの人との出会いは、このときにぜひ必要！」と決めて、ベストタイミングを選んで、ちゃんとシナリオに書いています。地上に降りてから、守護天使がそのシナリオを読んで、そのとおりに出会いを演出しています。実にみごとな「人生のしくみ」です。もちろん、表面意識はそのシナリオの内容は覚えていません。これも人生のミソです。もし覚えていたら、人生の感動は半分以下になってしまうでしょう！　これも、人生の醍醐味を味わうための演出ではないでしょうか？

沖縄までヒーリングスクールに通っている、とても明るくて可愛い女性、J子さんは、「私ってきれいでしょう？」と、さりげなく自画自賛ができて、いつも笑いを振りまいています。そのせいか、彼女のまわりにはたくさんの人が集まってきて、彼女の明るさに癒されています。

大きな手鏡をいつも持ち歩いて、「わぁ、きれい！　かわいい！」と鏡の自分にうっとり！　それを見ている二歳のお孫さんも、最近ではすっかり真似をして、「きれいね！　可愛い！」と鏡を見てうっとりしているとか。

何て微笑ましいのでしょう！　その方が、「先生、うちの主人がまた最高なの！　若いときは、それは目がきれいだったのよ！　中学二年生のときにすれ違った瞬間、目があまりにもきれいで、思わず『神様、この人と結婚させてください！　私の夫になりますように！』とお願いしたんですよ！」と出会いの瞬間の思いを語ってくれました。ちゃんと高校三年生のときに再会して、四年間付き合って結婚したそうです。

「先生、私と主人は過去生どうだったんでしょう？　主人は、『昔自分がいじめていたのかもしれない、次の人生では、夫婦にならない』と言うんですよ。私はいまのうちにしっかり赤い糸をくくりつけて、また夫婦になりたいと言ってるんですけどね！」と彼女はご主人に、ぞっこん惚れこんでいます。

そのときは、彼女の魂さんから、お二人の過去生のヒントが送られてきませんでした。きっと自分でベストタイミングに思い出すのでしょう！　必ずしも表面意識が知りたいときに、過去生のヒントが出るとは限りませんね。**ヒントにもベストタイミングがある**のです。

なかにはクラスメイトがそのまま、ソウルメイトに移行するケースもあります。やはりスクールに通われている生徒さんで、キックボクシングを教えているパワフルでモダンな女性、K子さんは、小学校からの友達と夫婦です。ガールスカウトとボーイスカウトで仲良しになった友達が高校まで続いて、二十二歳で結婚。二十代後半にしか見えないのに、もう高校生の娘さんがいます。

K子さんは、スクールの実習のときに、J子さんとペアになって、過去生が母子だったのでしょうか、二十年前に母を亡くした寂しい心の穴が、明るい大らかなJ子さんの愛に包まれてとても癒されたそうです。K子さんがJ子さんの娘にそっくりなのも、不思議な偶然の一致でした。

スクールでK子さんと意気投合したC夫さんは、もうすぐ不思議な出会いで結婚します。同じ学校で直接の教え子ではないのに、不登校の女子生徒がたまたま登校したときに、出会って、ふとしたきっかけで、ワイス博士の『前世療法』の本の話をしたことで彼女の心が開き、その本を貸すことになって付き合いが始まったのでした。

その学校ではまだ、生まれ変わりのことは宗教的だとされて、生徒に話すのはタブーだったのに、自然に話せたのも不思議な縁ですね。これも、ベストタイミングだったと思います。みなさんに伝授している、言霊パワーの強い「すべてはうまくいっている！」を笑い療法にした「カニ踊り」は、この意味をより深く理解する助けになっています。

この言霊「**すべてはうまくいっている！**」を口癖にすると、**すべてはベストタイミングに深い意味を持って起きているという人生の流れをしっかり感じられる**ようになります。そしてますます、そのようにすべてうまくいくのです！

これから、人生のパートナーに出会いたいかたは、ぜひこの言霊を日に何度も口癖になるまで言ってみませんか？　必ず、ベストタイミングに出会いがきますよ！　それを百パーセント信じ込んで見てください。

出会いは、必ず、ベストタイミングに起こる！　のです。

生まれ変わりのなかで

「たまたまそこを通りかかって」とか、「たまたま友人に誘われて」とか、よく**「たまたま」というフレーズ**を口にします。この「たまたま」現象を創っているのは、私たちが生まれる前に魂さんが書いた人生のシナリオを読んで、応援してくれている守護天使のしわざです。ちゃんと出会えるようにセットしてくれているのです。**偶然起こっているように見えることも、必然なのですね**。

結末がはっきりすると、後から振り返って、みごとな流れにびっくりすることがありませんか?

これが、直感というものです。それが魂からのメッセージ、直通電話なのです。もちろん、**直感をもっと意識すると、おもしろいように人生がスムーズに流れ始めます**。ソウルメイトとの出会いだけに限らず、あらゆる面で直感をどんどん信じて使ってみましょう!「直感、感、感、大直感! 使わなければ、もったいない!」と歌いたくなりますね!

生まれ変わりのシステムをここでご紹介しましょう! 初めて私の本を読まれる方もいらっしゃるでしょうから。**人生のしくみのなかで、「生まれ変わりのシステム」は、それを知るだけでも、人生観が変わるくらい大きな影響力を持っています。**そして、このシステムを導入すると、ソウルメイトのことも、さらに深く理解できるようになるのです。

私が最初に遭遇したソウルメイトのびっくりは、32ページに書いたように、エジプト時代の舞台女優だったときの恋人との関係が、退行催眠という過去生療法で出てきました。これは、意識をリラックスさせ悩みの原因となる時代に意識を集中して、関連のあるシーンを自分でイメージとして見ることができるものです。過去生での表現できなかった感情を再体験することによって、潜在意識にため込んでいた感情を解放できるのです。

私の最初の結婚は、「子供が産めないから結婚できないわ!」と好きになった相手に正直に話したことから、過去生のスイッチがオンになって、「大丈夫だよ、現代医学で何とかなるよ~」といま思えば、沖縄の哲学「なんくるないさ~!」(何とかなるの意味)がしみ込んでいるかのようなノリで結婚してしまい、いくら西洋医学で頑張っても子供が授からずに、残念ながら、それが理由で離婚になったのでした。このテーマがしっかり、三千五十年前のエジプト時代からの続きだったとは、当時はまだ知りませんでした。過労で倒れたときに、初めてアメリカ人の女性でサイキックなヒプノセラピストの退行催眠を受けてみてわかったのです。そのちょうど半年後にも、カナダで断食をしながら、身も心も解放するリトリートを体験したときに、再び同じエジプト時代の同じ内容の解放の続きをしました。自分のなかに、本当に魂の歴史があって、それが引き出されているのかもしれないと信じられるようになりました。きっと一度の体験では、懐疑的な私には、まゆつばものとしか思えなかったでしょう！

次々に出てくる映画のように展開されるストーリーのイメージに、ただただびっくりでした。すらっと美しい、霊的にも敏感で巫女的な舞台女優が、美形の男優と恋愛をして身ごもり、彼に堕胎を迫られてがっくりきている姿が印象的でした。

エジプト時代は、そのほかにも約四千年前に医師だった時代がありますが、ともに、いまの人生に大きくかかわっていて、その続きをいまの人生でやっているのです。

舞台女優のときには、せっかく身ごもったのに、薬を飲んで体を悪くしてまで子供を堕ろしてしまうのですが、今生はいくら治療をしても子供を産めなくて、その理由で離婚するのです。立場を代えて体験するように「人生のしくみ」が創られています。みごとですね。

エジプト時代の医師のときは男性でまだ意識が固かったので、自分の力で治療していると思い込んでいました。そのため、エネルギーが枯渇して病死しています。

今生では、東京にいたときには、同じように自分のエネルギーを使い果たして何度も倒れていましたが、沖縄に移り住んで、「患者さんからマイナスのエネルギーはもらわず、愛だけもらう」と決め直してから倒れなくなりました。これで、エジプト時代から大いに進歩したと思います。

東京での講演会で、ヒーリングのデモンストレーションのときに、前に出てきて受けたかたが医師でしたが、やはり同じエジプト時代の医師で、ソウルメイトでした。一緒に医療をやっていた仲間だったのでしょうね。「ぜひ沖縄にいらして、身も心もほどけて第二の人生を楽しんで！」とアドバイスしました。彼もエジプト時代の続きをやって、ハードルを乗り越え、さらなる人生の創造へと向かうプロセスを歩んでいます。

どの時代にも、何となく近くにいてかかわっている魂は、ソウルメイトです。**親しみが湧いて、一緒にいるとほっとリラックス**します。夫婦でいても、ずっと前から家族のような感じがして、まったく違和感がない場合は、きっと過去生でも家族をしていた時代があるはずです。逆に、親子や兄弟姉妹でも、あるいは友達でも、特別いとおしい感じがふとするときには、昔、恋人か夫婦だったのかもしれません。そう考えると、いまの状態と昔の状態がダブって不思議な感覚になることがあります。それはそのまま、あるがまま受け止めて、感じているだけで、すっと流れてすっきりしてきます。

あまり分析すると混乱するので、多面体の自分を認めてあげれば、むしろ、そんな自分を楽しめば楽になると思います。

ソウルメイトに出会うのは、実にわくわくする体験ですが、出会った後はどのような展開になっていくのでしょうか?

再会後に起きること

ソウルメイトに出会えると、どんな流れに変わっていくのでしょうか?

まず、**ツインソウルに出会えると、お互いにないもの、まだ奥から引き出されないでいる資質が引き出されて、お互いがいい刺激になって、さらに大きく輝きが増してきます。**

それぞれの鏡になれるからでしょう!

ツインソウルの場合は、それぞれの自己変容が劇的に起きてきます。ですから、この世での時間的な長さに関係なく、期間が短くても、たとえ一度会っただけでも、その出会いの効果が絶大です。それぞれが感じられるほど強烈だと思います。きっと電気が走るように、衝撃的といってもいいかもしれません。

お互いが、過去生で何度も夫婦をやっていて、今生でもそれが予定されているカップルの場合は、理由なく、説明もいらなくて、すぐに結婚のコースへ突入です。これも流れがとても速いのです。まわりがびっくりするほどの電撃結婚の場合は、これに入るでしょう！　まわりがいくら止めても聞きません。

ただ結婚するにしても、魂の宿題付きの場合は、それを片付けるために時間を要します。台風や嵐のように派手な喧嘩がくり返され、何度も別れそうになっても、またくっついてをくり返します。同じ夫婦で何度も離婚、再婚をくり返す場合はこの例です。映画女優のエリザベス・テーラーとリチャード・バートンが有名な例に当てはまるのでしょう！

同じカップルで結婚、離婚、再婚と何度もくり返すのは、それだけ何度も過去生の清算が必要だからです。一つ解放されて、再婚するとまたリセットされて、残っていた別の時代の解放が始まります。はたから見ると、「同じことをくり返して、よく飽きないわね〜」と思いますが、当人たちにとっては、その時々で真剣なのです。結果はくり返しでも、内容は違っていますから、すべてが意味を持っている大切なプロセスなのです。むしろ、自分に正直に生きているのではないでしょうか。膨大なエネルギーを使いますが、それだけの価値あることなので、やはり真剣勝負なのです。

地上で起きたことは、地上でしか清算できない、というシステムだからです。

ソウルメイトに出会って、何とも不思議な感情が出てきたとき、湧いてくる感情は、いまというなかに現在と過去が混ざっていますから、それを抑圧しないでただ感じるだけで、すっきりと表現され解放されて、浄化されるのです。この、**感じる、表現、解放、浄化の四つのプロセスが、ソウルメイトの再会で大切な収穫**なのです。

(1) 感じる

初対面なのに、知っている感じ、どこかで会ったことがあるはずと確信できるときは、**そのとおり！ 必ず、どこかで会っています。**それが、今生か、過去生かそれは、付き合い始めて後からわかってくるのです。まず、その感覚は合っているので抑圧しないで、そのまま受け止めましょう。それだけでも、ソウルメイトとしての再会の意味が出てきます。その感覚をゆっくり味わってもいいですし、言葉に出して相手に伝えてもいいです。相手の反応を見て、ゆっくり構えても、それぞれのペースでＯＫなのです。

（2）表現してみる

初対面でお互いに、「どこかでお会いしましたか？」と思わず口に出して表現することがあります。この場合は、急速に関係が深くなります。**お互いに感じたままを自然に表現して、恋人になったり、大親友になったりすることもあるのです。**

あまりにも衝撃的でボーッとして、そのときには何も言葉で直接表現できずに、そのまま別れて、どうしても相手のイメージが忘れられずに何とかまた連絡を取りたくて、自発的に行動を起こして必死になります。やがてまた会うことになって、そのときには躊躇せずに、たくさん感じたこと、自分の気持ちを相手に伝えることができるかもしれません。みなさんも、ご自身やまわりの方へ出会いのエピソードを聞いてみると、おとなしそうなカップルでも、意外に情熱的なアプローチが恋愛小説のように語られるかもしれません。

（3）解放へのプロセス

お互いの気持ちを表現してみて、しばらくお付き合いを重ねているうちに、過去生の続きがくるタイミングが出てきます。まるでスイッチが入るかのようにある状況になってきて、そこで思いがけない強い感情があふれ出ることがあります。その感情は、不安だったり恐怖だったり嫉妬だったり怒りだったり。たとえきっかけが小さなことであってもまるでそのチャンスを待っていたかのように、感情が吹き出してくる場合、特にこれほど出さなくてもと、理性が不思議がるような場合は、**過去生で表現、解放されなかった、たまっていた感情の爆発現象です。**

誠実な恋人あるいはご主人なのに、浮気すると思い込んで相手を問い詰めたり疑ったり。妄想に駆られておかしくなったりします。それは、過去のデータに基づく感情であって、いまではないのです。ある程度吹き出して落ち着くと、解放されて我に返ります。もちろん職場や友人関係でも起こります。

（4）浄化され、輝く

解放が終わって、自分でも変だったと振り返って相手に謝り、相手が受け止めてくれたことへの感謝と、相手の愛をひしひしと感じて、さらに二人の関係がよくなり、尊重しあって、かけがえのない深い関係に成長していきます。**お互いが鏡になって、映しあい、磨きあい、響きあって愛が深まり、さらに輝きが増すことを実感できる、感動的な段階です。**これこそ地上ならではの、人間関係から学べるプレゼント、贈り物なのです。

解放の段階で決別して別れた場合でも、心の中で、「ありがとう！　あなたのおかげで○○できました。○○に気づきました。本当にありがとう！」と言えたら、ちゃんとその愛念は相手の魂に伝わって、あの世で再会したときに、楽しく思い出を語れるようになります。魂は永遠なのですから。

いかがでしょうか？

ソウルメイトとの再会によって、無償の愛へ、宇宙的な大きな愛へと、近づいているのではないでしょうか？

ソウルメイトとの再会後に展開するいろんなことが、個人レベルに留まらず、大きく社会や国や世界にまで影響を与えることがあります。

次はさまざまなソウルメイトについて、具体的に取り上げてみましょう！

第三章　さまざまなソウルメイト

イエスとマグダラのマリア
——世界一有名なソウルメイトカップル！

いきなり歴史的に有名な人々が出てきました。しかもマグダラのマリア（※新約聖書の四福音書に登場する、マグダラという地方で娼婦をしていたと書かれている女性。イエスに従っていたとされる）については、つい十年前までは、世界中の人々が娼婦だと思いこまされてきましたが、バチカンの発表によって、娼婦ではなかったことが真実になりました。あきさみよ〜！（沖縄語で「びっくり！」）

さらに、びっくりしたのは、世界的に大ベストセラーになった推理小説、ダン・ブラウン著『ダ・ヴィンチ・コード』によって、いままでバチカンによって隠され弾圧されたことが、シオン修道会で存続され、守られてきた秘密が明らかにされたことです。

それは、**イエスの妻が、マグダラのマリアで、彼らには娘サラがいたこと**です。イエスが礫にあったときに、マリアは妊娠していたのだそうです。しかも、さらに子孫は生きのびて、イギリスにその子孫がいたのだとか。

フジテレビの番組でその特集が組まれ、二〇〇五年の三月十二日に放映されました。そのなかで、イギリスに残っているイエスの子孫がテレビで紹介されたのです。本当に驚きの連続ですね！

ダ・ヴィンチの絵で有名な「最後の晩餐」は修道院の大食堂の壁に描かれましたが第二次世界大戦の爆撃を受けた際、奇跡的に壁のみが残されて、三年間も風雨にさらされて、それでもかろうじて生き残り、一九九六年に修復されたら、イエスの左隣の人物がヨハネではなく、マグダラのマリアであったというのです。確かに、どう見ても女性にしか見られません。かすかに胸の膨らみも見えます。髪の毛も赤くやわらかいウエーブがかかっています。やさしそうな女性に見えます。

しかも、イエスとその人物の描くシルエットに大きな「Mという文字」が隠されていたのです。これは、マグダラのマリアの頭文字ともいえます。ダ・ヴィンチが描いた「最後の晩餐」はたくさんのメッセージが込められた精巧なる騙し絵だったのです。ブラボーです！

レオナルド・ダ・ヴィンチは、シオン修道会において、十二代目の総長だったと聞いて、五度目のびっくりです。

イエスとマグダラのマリアの関係は、夫婦同然だったのに、それを認めなかったのは、なんとペテロだったのです。マリアと一番弟子を競いあったかなり強引な人でした。彼が、いまのバチカンの基礎を築いたのですが、教会を広げるために、イエスを神格化する必要があって、夫婦だったことを隠すことにしたのです。マグダラのマリアの存在が邪魔になり、弾圧が始まったのです。

マリアは隠れるようにして、イエスと会い、どのような教会を創ったらいいのかを細かく指導されていました。それを妬んだのがペテロです。そのために、ダ・ヴィンチの「最後の晩餐」では、マリアののど元を鋭い手の指で脅しています。

さらに反対の手には、ナイフが握られていて、これは、かなり重要な象徴となっています。ダン・ブラウンさんは、そのナイフの手が誰であるかわからないと書いていますが、フジテレビがコンピューターグラフィックを使って、みごとに十二使徒全員が重ならずに描かれていることを証明し、ナイフの手がペテロであることも実証しました。文明の力もなかなかです。わくわく！

そのペテロがバチカンに初めての教会を設立しています。マリアを弾圧した人がどうして教会を創れたのか不思議です。それからずっと、女性を虐げる男性中心の権力がキリスト教として発展してきたのです。それが、五百万人も殺害した「魔女狩り」につながっていきます。宗教のなかでもっとも血を流しているのがキリスト教なのです。

イエスから見たら、どんな思いだったでしょう！　とても残念がっているに違いありません。世界中の教会に磔の姿が飾られているのも、お気に召さないのではないでしょうか？

マグダラのマリアは、ペテロたちの迫害を逃れて逃亡し、目立たないように洞窟内に教会を立てて、そこで過酷な修行をしたのでした。

これまでの聖母マリア信仰は、イエスの母の陰に、実はマグダラのマリアが隠れていたのだと、世界中の人々は、このベストセラー本の登場でやっと気づいたのです。やっぱり、二十一世紀はおもしろい！

しかも、著者のダン・ブラウンさんは、実に巧妙な方法で世界にこの事実を伝えました。学術書ではなく、一般の人が夢中で読めるように、推理小説として表現したのです。バチカンは事実ではないと必死で反論しているそうですが、小説ですから、すてきなオブラートに包まれて保護されています。

『ダ・ヴィンチ・コード』についてのテレビ番組を見て、すぐに書店で買い求め、いっきに読みました。久々に集中して読めた本です。本を読んで、**イエスとマグダラのマリアがソウルメイトの代表として、浮かび上がってきた**のです。さっそく、本著『ソウルメイトの不思議』のなかで紹介したいと切に思いました。というわけで、いま書いています！

続けて、『ダ・ヴィンチ・コード』の前の作品『天使と悪魔』も読破して、ますますバチカンの内部構造が明らかになって来たとき、ローマ法王が亡くなり、次の法王を選ぶ行事の「コンクラーベ」が始まりました。『天使と悪魔』がまさに「コンクラーベ」を舞台にした推理小説だったので、そのタイミングのすごさにびっくりでした。なかなか決まらずに「根競べ」になるのかなと思っていたら、二日間であっさりと決まりました（これは日本語でしか言えないギャグかも）。

世界でたくさんの信者を抱えるカソリックも自己変容の時期を迎えているのでしょう！　それを望んでいるのは、ほかならぬイエスとマリアのお二人かもしれません。

『ダ・ヴィンチ・コード』によると、イエスがソロモン王の末裔、マグダラのマリアも王家の血筋で、決して娼婦ではなく、教養のある女性だったようです（もちろんベネチアの高級娼婦や、江戸時代の花魁のような教養高い娼婦もいました）。ユダヤ人だったイエスは、ちゃんとユダヤの習慣のとおりに結婚をしていたのですね。

ダ・ヴィンチの傑作「最後の晩餐」が第二次世界大戦の爆撃をまぬがれたのも、天の意思だと思います。きっと、たくさんの天使がびっしりと並んで、この絵を守ったのでしょうね！　その光景が目に浮かびます。そして修復され、明らかになってくると、謎を解く参考書が世に出るようになっていたのでしょう！

きっと著者のダン・ブラウンさんもシオン修道会のメンバーか、その生まれ変わりかもしれません。聖書から、霊的な記述、生まれ変わりの表現を削除した、五五三年のコンスタンチノープル会議にも出ていた人かもしれません。世界中の人々の意識を一冊の本で変えるほどの仕事はすばらしいですね。

女性性の解放、女神性の復活

イエスの実際の教えは聖書のごく一部だとされています。「マタイ伝」と「ルカ伝」には多くのイエス自身の言葉が含まれています。**イエスは、人々に「どのように世の中を見るべきか」「どのように生きるべきか」を説く教師でした。**そして、その教えを実践するように説いていたのです。つまりブッダのように人生の生き方を説く実践哲学者だったともいえるでしょう。

マグダラのマリアは、妻であるとともに、イエスの哲学を学び実践した第一の弟子だったのだと思います。だからこそ、ダ・ヴィンチの「最後の晩餐」の絵には、イエスの右側（つまり右腕）に描かれていたのだと思います。

イエスの言葉そのものには仏教との共通性が見られます。歴史的には、当時のローマ帝国には仏教が伝わっていたようですが、実際に、イエスが若い頃にインドやチベットまで旅行し、そこで仏教を学んだのだと主張する人たちもいるのです。イエスの生涯も謎に満ちています。これからも、いろんな秘密が明かされていくのでしょう。

イエスとマグダラのマリアが夫婦だったことが、なぜそんなに大切かというと、そのことを私たちが地上で知ることによって、**いままでキリスト教で受けた影響のマイナス面が解放されて、さらに自分の生き方が自由になれる**からです。女性は歴史的にずっと虐げられてきましたが、いまその部分に光が当たる時代を迎えています。特に、キリスト教は女性を蔑視してきたので、魔女狩りにあった五百万人の魂が、やっと解放されます。

女性性がきちんと認められると、すべての人にある左半身の女性エネルギーの流れがよくなって、感性や育む力、優しさがあふれ出るようになります。

男性エネルギーが優位だと、どうしても競争世界が展開されて、戦争が続くのです。もう長い戦争の世界にうんざりしてきました。心から、穏やかさと平和を望むようになってきています。

女性性だけでなく、さらに、セックスに対してのゆがみもなくなり、純粋に女性を大事にすることができるようになります。**女神性の復活によって、女性が男性化して逞しくなろうとするのではなく、女性のやわらかさ、母性の包み込むやさしさが体現されて、さらに美しくなっていきます。**本当に、バランス、統合のいい時代を迎えています。これによって、**人生のパートナーとしてのソウルメイトに会う確率が高くなるのです。**

さらに、結婚そのものがもっと大切にされて、聖なる結婚が増えて、離婚も少なくなるのではないでしょうか？　私たちの人生の時代に、とてもすてきな変化が起きてきているのです！

『ダ・ヴィンチ・コード』を読んで、もう一つ心に強く残ったのが、ディズニーの思いがけない働きでした。

いままで、インナーチャイルドの癒しになるからとディズニーランドへ行くことを大いにみなさんに薦めていましたが、それ以上にさりげなく、でも大胆に私たちの潜在意識へ、女性性や女神性の復活になるイメージを入れてくれていたのです。**ディズニーが隠したメッセージのほとんどは、宗教、異教の神話、抑圧された女神の物語に関するもの**なのです。

『眠れる森の美女』の主人公オーロラ姫に『ローズ』という仮の名がつけられて、邪悪な魔女の手から守られるために森の奥に隠されるのも聖杯の物語です。『白雪姫』では毒入りのリンゴを食べたために恩寵を失った王女は、エデンの園で蛇からもらったリンゴを食べたイブの堕落が強く暗示されています。

『シンデレラ』でガラスの小さな靴がぴったりはまる人を見つけるのも、すてきなソウルメイト探しですね。

すべてが、女性性の解放と女神性の復活に関係していますが、もっと直接的な表現をしているのがアニメの『リトルマーメイド』です。アリエルが海中の洞窟に隠していた一枚の絵がずばり「マグダラのマリア」の絵だったのです。このアニメには、イシス、イヴ、魚座の女神ピスケー、マグダラのマリアなど、女神に関する霊的な象徴が、みごとに織り交ぜてあります。すごいですね！

彼の作品に触れた子供たち、大人たちも、潜在意識にしっかりとすてきなイメージが入って、それがいよいよ二十一世紀に花開いて、きっとディズニーが望んでいた世界が展開していくと思います。

きっと、ウォルト・ディズニー自身も、シオン修道会に関係していたのではないでしょうか？　現代の「レオナルド・ダ・ヴィンチ」と賞賛されています。

　やはり、シオン修道会の総長だった、アレサンドロ・ボッティチェリも、フィレンツェのウフィッツィ美術館にある、「春」「ヴィーナスの誕生」など、美しく女神性を表現しています。それを見ることで、私たちの魂は癒され、自分のなかの女性性や女神性を認める意識に変化するのです。いままで無意識にされていたことが、理由がわかるとさらにしっかりと意識できて、成長が早いですね。

　これから、**ますます女性性がきちんと認められ、大切にされる時代になってきます。それによって、戦争がなくなり、平和な時代をいよいよ味わうことができるようになる**のです。

　男性エネルギーと女性エネルギーが統合されて、二十一世紀には、すばらしい平和が確立されるでしょう。わくわく！　楽しみですね！

楊貴妃と玄宗皇帝……国政をも揺るがすソウルメイト！

いままでの男性偏重の歴史のなかで、女性でも輝いた人々を振り返ってみると、世界三大美女の一人、中国の絶世の美女といえば楊貴妃です。「傾国の美女」とも言われることがありますが、実際の彼女はどんな人で、玄宗皇帝とはどんなソウルメイトだったのでしょうか？

楊貴妃は、本名を楊玉環、七一九年、蜀（四川省）の下級官吏の娘として生まれました。しかし、父が早く亡くなったために、同じ下級官吏だったおじの手で育てられました。その美しさは幼少から知られるところとなり、宮女として後宮に入るや否や、十七歳にして玄宗皇帝の子、寿王の妃として迎えられたのです。

玄宗が五十六歳のとき、彼は最愛の妃であった武恵妃（四十歳）を病気で亡くし、悲しみで、がっくりと気を落としていました。そんなとき、亡妃にそっくりの人がいると紹介されて、長安郊外の温泉、華清池で初めて楊貴妃と出会い、たちまち彼女の魅力の虜となってしまうのです。

もともと玄宗は芸術肌の人でしたので、楊貴妃と気があうことも多かったようです。玄宗は独自の音楽理論を持ち、音楽、舞踏の研修学校を創りました。楊貴妃のほうも、あらゆる楽器を自在にこなし、踊りも絶品、翔ぶように舞い、その歌声も天下一品といわれるほどでした。まさに、才媛才女ですね。

楊貴妃が皇帝に望まれ、初めて驪山の華清池に召されたとき、玄宗は齢五十六歳、貴妃は二十二歳でした。なんと三十四歳も年が離れています。親子といってもいいでしょう。きっと、二人の過去生は父と娘の時代があったのではないでしょうか？　楊貴妃は、小さい頃に父親を亡くしているので、男性に父性を求めていたと思います。父親ほど年齢がいっている年上の男性に惹かれる人は、父性への思いが強いのかもしれません。

楊貴妃は、最初は息子さんの妃でしたので、いきなり息子から取り上げるのはバツが悪くて、まず道教の尼にして、四年後に正式に妃にしたのです。そのとき、玄宗は六十一歳、貴妃は二十七歳でした。

ちょうど長安では牡丹の花が咲き乱れ、玄宗は自ら作曲した曲を演奏させて、彼女を迎え入れたそうですから、とてもロマンティストですね。

二人は日夜温泉の湧き出る離宮、華清宮に一緒に移り住み、その暮らしは豪華絢爛、日々宴会や歌舞に明け暮れ、豪華な彫刻が施された大理石の浴室に入りびたりの毎日だったそうです。

温泉は私も大好きなのでうらやましいと思いますが、皇帝が政治を忘れるのは、立場上まわりの人々は大変困ったと思います。楊貴妃は、権力闘争には興味はなくても、さまざまな書を読んで、さりげなく玄宗皇帝に、名案を次々に提案したと言い伝えられています。やはり、教養も大事ですね。

楊貴妃は入浴した後、玄宗の前で踊りを披露したりすることが多かったそうです。玄宗が作曲した音楽に合わせて、楊貴妃が舞うこともあったとか。

芸術、音楽の趣味でつながっていたことが、愛の原点でしょうか?

彼女は、香りにも気を使って、体臭香という薬を服用して、とてもよい香りがする女性だったそうです。体型は下膨れのぽっちゃり型で、やはりやせてはいなかったそうですから、そんなに必死でダイエットをしなくてもいいのかもしれません。男性はごつごつしているより、ふっくらと抱き心地のいい体型を好むのではないでしょうか。

玄宗は、貴妃一人だけを終始溺愛したようです。ラブラブの状態が、十年間も続きました。

楊貴妃が、果物のレイシ（ライチ）を大好きだったため、玄宗皇帝は何千キロも離れた広東地方から早馬を使って取り寄せたそうです。みなさんもライチを食べるときは、楊貴妃になったつもりで頂きましょう！

しかし、楊貴妃の一族が出世をしたのをよく思わない安禄山が、対立して失脚への恐怖から七五五年に反乱を起こしました。なんとこの反乱は九年にも及び、安史の乱と呼ばれています。楊貴妃の従兄の楊国忠は安禄山の挙兵を招いたとして兵士に殺害され、楊貴妃は楊国忠と同罪であるとして、やはり兵士に殺されてしまったのです。貴妃が非業の死を遂げた後、玄宗皇帝の悲しみはよほど深いものだったのでしょう。「長恨歌」のなかで、白楽天は玄宗の深い悲しみを、

「天長地久有時尽、此恨綿綿無絶期」

と形容しています。つまり、これを解釈すると、

「天長地久といえども尽きるときがある、しかし、此の恨みは綿綿として絶える期《とき》はない」

という内容になります。

玄宗はかなり純情だったようですね。一人の美女にぞっこん惚れ込み、そして、彼女が亡くなった後は、深い悲しみに沈み、夜な夜な枕を抱いて泣いていたのですから。

楊貴妃に入れ込んで、政治を顧りみなかったと悪評が高いのですが、玄宗は彼女に出会う前には、きちんと、「開元の治」と称された善政を行って、唐の全盛期を創り上げたのです。しかし、長い治世の後半には楊貴妃を溺愛して政治への意欲を失ってしまいます。政治に疲れたのでしょうか？　最初の妃を亡くして、彼女に出会って、癒されて、第一線から退いていきます。さらに、最愛なる楊貴妃を失って、失意のどん底だったでしょうね！　もし、二人の出会いが普通の庶民だったとしたら、もっと違った結末になっていたと思います。

楊貴妃については、日本にも伝説が残っています。山口県の油谷町に、楊貴妃が乗って

いた船が流れ着いたというのです。油谷町のホームページで見つけてびっくりしました。それによると、安禄山の反乱で処刑されるところを、近衛隊長が密かに命を助けて逃がしたのだそうです。その年代も七五六年の七月に（日本は奈良時代天平勝宝八年）とあるので、確かに可能性がありますね。

しかも、瀕死の楊貴妃を村の人々は手厚く看病して、亡くなった後も、西の海が見える久津の丘に、丁重に葬ったそうです。それが、二尊院の楊貴妃の墓と五輪の塔で、そのお墓にお参りすると願い事が叶うと多くの人が参詣するようになりました。

玄宗皇帝も悲しみで悶々としていたとき、楊貴妃の不思議な夢を見て、「私は日本に逃れて、土地の人々にやさしくしてもらいましたが、とうとうこの世のものではなくなりました。天上界にいても、いつの日か再会できるでしょう！」と言われたそうです。そこですぐに、玄宗皇帝は家来・陳安を日本に遣わして、秘蔵の霊仏、阿弥陀如来と釈迦如来と十三重の大宝塔を持たせました。陳安は楊貴妃の漂流地がわからず、京都の清涼寺に預けて、そのうち長門の国とわかったのですが、清涼寺が二つの仏像を渡したがらず、しかたなく朝廷はさらにそっくりの二尊仏を造って、長門にも運んだそうです。それで二尊院というのですね。何だか、ソウルメイトの仏像のような気がして、ご紹介しました。

中国を舞台にした遠くのソウルメイトのお話と思ったら、日本にも由来のお寺があるなんて、歴史ロマンですね。ぐっと身近に感じてきませんか？　興味のある方は、どちらか近いほうにお参りください。才媛才女の楊貴妃か、国を盛んにし、天下の美女にも会えた玄宗皇帝に、ぜひ、あやかりましょう！

国の行く末にまで大きく影響を与えた恋愛には、そのほかにも、エジプトのクレオパトラとカエサル、そしてアントニウスがあります。

クレオパトラも世界三大美女の一人です。やはり才媛才女で、ギリシャ語、エジプト語、シリア語、パルチア語、アラビア語など何カ国語も話し、危機を乗り越える才能、機転に長けて、政治・軍事・外交にも精通した知的な女性でした。これでは、カエサルやアントニウスが彼女の魅力に揺さぶられてしまうのも無理はありません。単に美しかっただけではなかったのですね。

クレオパトラは、あらゆる手段を使って、エジプトを守ろうとしました。大英博物館でクレオパトラ展が開かれたとき、新たな装飾品が十数点見つかってわかったのですが、実は彼女は世にいわれるほど美人ではなかったようです。背が低くて、小太りで、鷲鼻だったとか。私が沖縄での仮装パーティで、過去生の舞台女優になってみたとき、ちょっとお腹が出ていたので、自称「ハラオパトラ」で登場して大爆笑でしたが、鷲鼻以外は当たっていたのですね～。感無量。たとえそれが事実だとしても、彼女の才気あふれる会話術や知性、気品のあるエレガントな仕草などが、男心を捕らえて離さなかったのだと思います。やはり、すばらしいですね。

さらに、トロイ戦争を引き起こした、ギリシャの妃とトロイの王子の恋愛もあります。最近、ブラッド・ピットがアキレスの役を演じた映画『トロイ』が公開されましたが、トロイの弟王子の恋愛によってトロイの国自体が滅ぶきっかけになりました。劇的な恋愛ですね。ソウルメイトカップルも立場によって、影響力が大きく変わってきます。国を動かす人が恋に落ちると、国まで落ちてしまうのですね。

落ちる話ばかりでは、気分も落ちてしまうので、国が元気になったソウルメイトの話もしましょう！　ブロードウエイ・ミュージカル『エビータ』にもなって、大ヒットした、南米・アルゼンチンの大統領夫人エビータの話です。最近、マドンナが演じた映画も作られましたが、アルゼンチンの人々からは、不評でした。イメージが違ったのでしょうか？　エビータは貧しい家庭で育ち、タンゴ歌手から女優になって、アルゼンチン大統領夫人（エヴァ・ペロン）にまで、上り詰め、「泣かないで、アルゼンチンよ！」という歌で国民を慰めて、独立を勝ち取った実在の人です。三十三歳で亡くなりましたが、いまだに人気は衰えていないようです。私も東京時代に、劇団四季のミュージカルで見たことがありま す。とても頑張りやさんで、貧富の差が大きかったアルゼンチンでは、希望の星として、貧しい人々の代表として、国民の心の支えになったようです。

パワフルなソウルメイトカップルが、国をも揺るがすほどの、影響を与えることができるのですね。

人間一人のパワーが二人になると、すばらしい相乗効果によって、大きなうねりになること、さらにそれがグループになると、もっと大きな波を創ります。

愛と光の大きなうねりを創りたいですね！

ポカホンタスと二人のジョン——異民族のカップル

「ポカホンタス」という名前を初めて耳にする人もいると思います。変わった名前ですよね？　ネイティブ・アメリカンの名前なのです。

ディズニーのアニメ映画で『ポカホンタス』をご覧になりましたか？

ネイティブ・アメリカンの話というだけで、私も劇場に、ほいほいと足を運んだのですが、見てびっくり。見終わってパンフレットを見て、さらにびっくりでした！

なんと、アメリカでは、ポカホンタスはアメリカの創始者として尊敬され、小学校の教科書にも出てくるのだそうです。実在した人で、アメリカが英語圏なのも、彼女がイギリス人の男性と恋愛結婚をしたからだというのです。もし、スペイン人に恋をしていたら、アメリカはスペイン語圏になっていたのだと、パンフレットに書いてあって、びっくり！

それほど、一人の恋愛が後の国の言語にまで影響を与えるなんて、すてき! ブラボー! ディズニー映画は大好きなのですが、この映画は、実物の写真よりもかなり不美人に描いていて、びっくりしました。何か意図があるのでしょうか?

実際は、とても美しい人です。普通、漫画は実物よりも美しく描いてくれます。私も、二回漫画のシリーズになりましたが、ともにとても美しい女医さんに描いてもらいました。クリニックの初診でびっくりする人は、漫画のファンの人です。

あえて、ポカホンタスを不美人に描く必要があったのでしょうか?

ディズニーが生きていたら、実際よりも美しく描いていたと思います。いまのグループは、彼の意思を継いでいなくて、ちょっと残念ですね。それで、彼女のことを調べたくなりました。

ポカホンタス(推定一五九五年~一六一七年)は、絶世の美女と呼ばれたネイティブ・アメリカンの女性です。ヴァージニア地方の初期の歴史に残る有名なネイティブ・アメリカンでありアルゴンキン・インディアン系族連合の大首長であったポウアタンの娘、王女でした。最初のイギリス人入植者たちは、一六〇七年にヴァージニア地方に上陸し、キャプテン、ジョン・スミスらがネイティブ・アメリカンたちの土地にジェームスタウンという植民地を創立しました。彼らから物資や食物を入手する必要があったのですが、文明の違いから両者は対立ばかりでした。

植民地ができてまもなく、ジェームスタウンに現れた美女ポカホンタスは、またたくまに有名となり、やがて入植者と父ポウアタンの間の重要な調停者としての役割を果たすことになったのです。

一六〇七年七月十二日に彼女の父親・ポウアタンの部下たちがキャプテン・ジョン・スミスを捕らえてポカホンタスのもとに連行しましたが、ジョン・スミスの回想録には、ポカホンタスが父ポウアタンに自分の命乞いをして助けてくれなかったらおそらく殺されていたであろうと記されています。ポカホンタスの必死の命乞いにより、ジョン・スミスが助けられたことで、ネイティブ・アメリカンと入植者たちの間でのとりあえずの休戦が成立したというのです。

当時、ポカホンタスはまだ十二歳の少女、ジョン・スミスは二十七歳でした。スミスの記述では、ネイティブ・アメリカンが彼の頭を棍棒で殴り殺そうとしたときに、ポカホンタスが彼の頭に自分の頭を重ねて、助けようとしたとあります。しかし実際には、スミスを殺す目的で行われたのではなく、ネイティブ・アメリカンの間でよく行われていた、擬似処刑という儀式だったのではないかという説もあります。養子縁組をする際に、それまでの人生が終わって生まれ変わったとする儀式なのです。実際、スミスはこの後パウアタン大首長の養子となっていますので、その説も納得できます。映画『ポカホンタス』では、ネイティブ・アメリカンが野蛮なように描かれているのが、とても残念です。

実は、ジョン・スミスの回想録は、ポカホンタスやジョン・ロルフが亡くなった後に書かれていますから、真偽の程はわかりません。火薬が爆発した事故で右半身に大外傷をして何とか生きのびてイギリス本国に戻りました。

その後、ポカホンタスはジェームスタウンにしばしば足を運ぶようになり、休戦が成立しているにもかかわらず、両者の間では小競り合いが続いていました。一六一三年にポウアタンに捕虜にされている入植者たちの安全を確保するために、ポカホンタスは、捕虜にされました。

しかし、捕虜であるこの期間にポカホンタスは英語を習得し、クリスチャンとしての教育を受け、一六一四年に十九歳でキリスト教の洗礼まで受けて、洗礼名レベッカを得たのです。逆境に強い女性ですね。時代の流れにもまれながらも、打たれ強く、与えられた環境で、精一杯の力を得ていきます。そして、彼女はもう一人のジョン、ジョン・ロルフと出会うことになります。ジョン・ロルフは彼女に聖書を教えてくれました。

彼女は人生のなかで、同じジョンという名前の男性、しかも異国人二人と会う「人生のしくみ」を選んでいます。それが、後のアメリカ合衆国に影響を与えたとは、本人も知らなかったかもしれません。

ジョン・ロルフは英国人で当時ヨーロッパでは高値だった煙草を栽培してそれを商いにしようと一六一二年にジェームスタウンに種子を持ちこんで、栽培を始めていました。そして、二年後には本国に売り込めるほどの収穫を得ることができていたようです。

ポカホンタスとジョン・ロルフは一六一四年四月に結婚式を挙げました。あたかもスミスと恋人になったかのように映画では描かれていますが、真実はどうだったのでしょう？ポカホンタスの直系の子孫・スーザン・ドネル著『ポカホンタス』（竹書房文庫）を読むと、ジョン・スミスとの熱烈な恋愛が感動的に描かれています。イギリスでスミスと再会したとき、ポカホンタスが感情を抑えきれずにうろたえたことが歴史的事実だというのです。

ジョン・ロルフが結婚した理由はポカホンタスの美しさと強く柔軟な人柄に惹かれたという説もありますが、二人が添い遂げればジェームスタウンに平和がもたらされると確信していたのではないでしょうか?

ポカホンタスは、一六一五年に息子のトマスを産み、その翌年にロルフ一家を乗せた船が十二人のネイティブ・アメリカンを乗せてイギリスへ出航しました。彼女は、英国王室に紹介され、大いに歓迎、歓待されたそうです。

ジョン・スミスとの再会も果たし、七カ月間イギリスに滞在した後、一六一七年にヴァージニアに戻ろうとする直前に病で死去し、聖ジョージ教会に埋葬されました。亡くなったとき、彼女はまだ二十二歳でした。若いですね。

彼女がキリスト教に改宗して白人と結婚したことは、異民族の融合になるのでしょうが、その後のアメリカ建国に利用されたような感じもします。きっとその後も、ネイティブ・アメリカンと白人の間の恋愛や結婚がたくさん続いたことでしょう!

さらに奴隷として、たくさんの黒人がアフリカから連れてこられて、ほかの移民たちも合わせると、アメリカ合衆国は多民族国になりました。

異民族間の結婚が多いなかで、**ネイティブ・アメリカンの女性が、二人のジョンという白人のソウルメイトに出会って、勇気と自由な発想を持った生き方で、先陣を切っていた**のが、とても印象的でした。

ディズニー映画で不美人に描かれていたことがきっかけで、彼女の人生を調べることになり、思いがけない事実を知りました。

おもしろい展開ですね。何が好奇心をくすぐるかわかりません。

まだ、アニメ映画『ポカホンタス』を見ていない方、ぜひビデオでどうぞ!

女性に愛と勇気を与えてくれます。原生林も楽しめますよ。

ペットとのソウルメイト？

えっ、ペットともソウルメイトがあるの？　とびっくりされたかもしれませんが、どうもありそうなのです。

「絶対あるはずよ！」と確信されて読んでいるかたは、きっと、犬や猫が大好きで、人生のなかで欠かせない家族同然の仲だと思います。

クリニックに来る患者さんのなかにも、何回も同じ犬の魂がペットとして登場してくれた人がいました。感動のあまり、漫画にも本にも書かせてもらいました。

過去生で生命を助けられた恩返しに、今生でも違う種類のペットとして、亡くなるときに、腰痛がひどくて動けなかった主人に恩返しをして天へ帰っていったことがありました。亡くなったとたんに、主人の腰痛が治り、火葬のときに、同じ腰椎のところが黒くこげていてびっくりしたそうです。**ちゃんと恩を忘れないで、また地上で再会して、今度は主人を助けるという恩返しをする「犬生のしくみ」なのですね。**ブラボーです。

さらにこのケースはおまけがあって、再び生まれ変わって、また同じ主人のペットとして再会しました。いまではとても元気にしています。

動物にもちゃんと生まれ変わりのシステムがあるのですね。しかも飼い主との、ソウルメイトシステムまで組み込まれているのです。すてきなしくみだと思います。

もう一つのケースも、やはり犬のお話。白い犬で、そのままシロという名で呼ばれていました。飼い主は、どうしても、シロが子供の頃に飼っていた犬、ムクの生まれ変わりに違いないと思うのだそうです。

飼い主のかたは目に見えない世界にはあまり関心のない人ですが、とても愛情が深く感性が鋭くて、きっとシロとムクの性格がそっくりだったのでしょう！

でも、シロの亡くなり方があまりにも切なかったので、しばらくは犬を飼う気が起きないそうです。そのかたとシロもソウルメイトといえるかもしれません。シロは、とても従順でしたから。「ご主人が命」という感じで熱い視線をご主人に向けていました。

シロには、チャチャという茶色の兄弟がいました。色や毛並みだけでなく、まったく性格が違うタイプでしたが、それでもいつも一緒で、よく喧嘩もしましたが、仲がよかったのです。

そのチャチャが病気になって寝込みました。お腹に腫瘍ができて、手術ができない状態でした。シロも落ち着かなくなり、切ない声で鳴くようになりました。二匹を別にすると鳴きやまないので、一緒にしていました。そのチャチャが最後は入院して、しばらくして亡くなったのです。

シロはますます落ち着かなくなり、一匹で小屋にいられなくなり、チャチャと過ごした部屋にいたがりました。

でもそこはとても暑い部屋なので、ある日、涼しい外に出してあげたのですが、どうしても中に入りたがり、ご主人の留守中、格子の窓からダイブして、そのままぶら下がって亡くなりました。ちょうどチャチャが亡くなって、一カ月後でした。命日が同じ十四日なのです。びっくりです。犬にも後を追って亡くなることがあるのでしょうか?

飼い主は、一カ月の間に二匹の愛犬を亡くして、ショックで眠れなくなり、しばらくうつ状態だったそうです。

シロが亡くなって二週間後、ウンケーの日（沖縄語で〝お盆のお迎えの日〟の意味）に、ろうそくを持って、玄関でお迎えしたら、仲良く二匹が元気に階段をかけ上がってきたような気がしたと、不思議体験を語ってくれました。

飼い主と犬だけでなく、犬の兄弟同士としても、ちゃんとソウルメイトがあるのではないかと、考えさせられるエピソードでした。

ペットだけでなく、野生の動物でも、気持ちが通うと、不思議な関係ができてきます。

東京の吉祥寺時代に、よく患者さんから「先生、カラスを飼っているんですか？　道に迷っていたら、クリニックまで連れてきてくれたんですよ」と、一人だけでなく、何人からもいわれてびっくりでした。

確かに、井の頭公園を散歩するときに、よくカラスと対話して、「勘太郎！　元気？　クワァ、クワァ！」などと、結構本気で話し掛けていましたが、そのおかげなのか、迷っている患者さんの道案内をしてくれたようです。

熱海でゴルフをしたときに、ラフに迷い込んだボールを三回もカラスが運んでくれて、逆に困ったこともありました。

ニュージーランドへ旅をしたときも、可愛い小鳥がずっと道案内をしてくれて助かったことがありました。

この調子で、あらゆる生き物と心がつながるといいですね。

生きてるものは、心も一つ、

すべてがつながる、ソウルメイト！

ブラボー！

第四章　ソウルメイトに出会うには

まず自分をキュッキュッと磨きましょう！

自分の人生のパートナーとしての**ソウルメイトに出会うには、まず自分磨きを始めるのが大切です。**

クリニックにいらした女性の患者さんで、「先生、どうして私は、この年まで恋愛に縁がなかったのでしょう？」と聞いてくる方をふと見たときに、彼女の姿に、「これではね〜」とつい思ってしまいました。

彼女は、髪の毛はバサッと束ねて、化粧なし、アクセサリーもなし、洋服は真っ黒、バッグもコートも真っ黒でした。きっと過去生は忍者だったかもと思ったら、やっぱりそうでした（笑）。しかも好きな人ができても、結婚できない掟がある時代でした。

いまだに、生まれ変わっても無意識で忍者を続けていたので、自己表現もそのままになっていたのです。人生の謎解きは楽しいですね。彼女にとって過去生のヒントは、彼女が変身するためのお手伝いをしました。

「昔、忍者をやっていたから、そのなごりで、いまもつい忍者風に真っ黒にしてしまうみたいよ！　今日で忍者は卒業！　せっかく土台がいいのだから、**カラフルにおしゃれを楽しんで、自分を最大に演出しましょう！**　いまの姿で、すてきな男性が声をかけてくると思う？」

「そうですよね！　自分が見えていませんでした。忍者だったんだ〜納得。先生のようにピンクもいいな〜と思ってもなかなか手が出なかったんです。これからおしゃれを楽しみます！」

「今日から女になります！」「今日からおしゃれを楽しみます！」とクリニックのテラスから見える、真っ青な太平洋の海に向かって、すてきな宣言・アファーメーションをして、彼女はにこにこ帰って行きました。

　私たちは自分の顔を一生見ることができないので、ちゃんと意識して鏡で見ないと、ついまわりを見るだけの自分になってしまいます。自分の姿が見えなくなってしまうのです。

彼女が、次のセッションで登場したときは、びっくりでした！

まるで別人のように女らしくファッショナブルで、目もきらきら輝いて、若返って見えました。

「えっ、本当に、〇〇さん？　妹さんじゃないの？　若返ってる！　すてき！」

と思わず興奮して、本音を実況中継してしまいました。

「やっぱり、そう見えます？　最近、みんなに若返ったと言われるんです。自分でも、人生が楽しくてなりません。もっと早く気づけばよかったと思って、でもいまがベストタイミングなんですよね？」

「そうよ！　すべてはベストタイミングに起きているのよ！」

「先生、彼氏もできましたよ！」

「でしょうね。いまのあなたなら、男の人がほうっておかないわ！」

「自分でも、あんなに自己嫌悪のかたまりだったのに、自分のことが好きになってきたので、仕事も人間関係も楽になりました」

すてきな変化を見て、私も嬉しくなりました。

彼女は、自分を磨いて、すてきに自己表現をしたおかげで、自分を好きになり、その輝きが彼氏の目にとまったのでしょう！

前の真っ黒な黒子スタイルのままパーティに行っても、結婚相談所にお願いしても、同じく暗い人にしか出会えなかったと思います。

私も、ファッションが命です。おしゃれが大好き。帽子が大好きです。帽子をまず見つけて、それからスーツを合わせたり、セーターを決めたりしています。全体の色合わせがバッチリだと、気分も最高になります。

ファッションだけでなく、自分磨きは、歯磨きも、体も、そして腸の中も！

えっ、腸も？　とビックリしている方、お通じもよくしておくと、声が色っぽくなりますよ！　体は聖なる楽器です。声美人は魂美人なのですよ。

そして、**さらに大事な自分磨きは知性です。**

たくさんの本を読んでいる方は話題が豊富で、どんな話にも粋な返答ができてとても魅力的です。さらに、新聞、雑誌、テレビ、映画、さまざまなライブ、コンサート、芝居などのエンターテインメントも気をつけて見ていれば、さらに磨きがかかります。

予算が足りない人は、書店での立ち読み、図書館の利用をお薦めします。

書店で二時間くらいいろんなコーナーをぶらぶらして、直感で気になる本を次々とパラパラ見るだけでも、いま話題になっている本、ベストセラーがどんなものかを知っておくだけでも、みんなの話題に入っていけます。

新聞もテレビも大切な情報源です。

テレビで、美人姉妹が銀座のクラブを成功させていて、その日常を紹介していましたが、きちんと新聞やインターネットで情報をつかんで、政界や経済界の方がいらしても対応できるように努力していました。ブラボーです！

どんなに着飾っても、話題がなくて知性が乏しいと、飽きて退屈して、上等な男性は相手にしてくれません。やはり、自分のレベルに見合った人と付き合います。波長同通の法則がありますからね。

高級クラブでなくても、スナックのママさんのイメージで、男性をほっと和ませる雰囲気が出せたら、一緒にいたいと思ってくれます。

仕事で疲れた男性が、立ち寄りたくなる秘訣は、ふわっとやさしく受け入れてくれることです。批判や意見を言うと、二度とデートには誘ってくれなくなります。クラブやスナックのママさんたちは、夜のカウンセラーですね。

東京時代に、銀座や新宿で夜のお仕事をしている女性がクリニックにいらしていました。

「私たち、同業よ！　あなたは、りっぱな夜のカウンセラーをやっているわ！」

と言ったら、びっくりして、

「えっ、まさかそんなふうに言ってくださるとは、思ってもみなかったです。てっきり、昼の仕事に変えなさいとアドバイスされると思っていました」

「大丈夫よ、いまの調子で！　せっかくだから、極めたら？」

「では、新宿を卒業して、銀座でナンバーワンになってみせます！」

と宣言した彼女は、なんと早稲田大学中退で、話題の豊富なおもしろい人でした。案の定、銀座で頭角をあらわして、政治家のお客さんに人気がありました。

知性や教養も自分磨きには、大切な要因ですね！

そしてさらに、魂レベルで、自分が何者であるかをある程度、知っていくことが、鏡としての相手を探すのには早道といえます。

そのためには、まるでその旅を始めるスイッチが入るような、いい刺激が必要です。それが懐かしい人であったり、ヒントが書かれている本だったり、目覚めさせてくれるクリスタルとの出会いだったり、本当に魂の故郷への旅だったりするのです。

私も過労で倒れて、さまざまな治療法を試しているうちに、いつのまにか「自分探しの旅」をしていました。それがなかったらいま頃、沖縄に移り住んで、海のそばでの診療、セミナーや講演会、本や雑誌の執筆などの、マルチライフを堪能していないと思います。自分の才能を開花させて、人生をクリエイトしていくコツは、前著『人生の創造』（徳間書店）にも詳しく書きましたので、参考にしてください。

人生を十分に楽しむには、ソウルメイトとの出会いは、とても大切だと思います。結婚はしないにしても、友達や会社での大事な要の人は、人生の脇役として登場しますし、まず身近な家族は、魂磨きには大切なソウルメイトたちです。

家族との関係に集中して、じっくり取り組んでも、それだけでかなりの感情解放から、本来の自分の光を引き出せると思います。それを今回の人生で「人生のしくみ」のメインのテーマにプログラムしている人もかなりいます。まわりを気にしないで、いま置かれているテーマに「よっしゃ〜」と元気よく、しっかり向きあいましょう！　あっという間に終わるかもしれませんよ〜！

最近頂いたびっくりのお便りに、じっくり取り組んだ後の、すばらしいプレゼントのケースを見ました。ヨーロッパに行く飛行機のなかで、隣の席だった男性と付き合うようになって、うまくいかない彼の奥さんといつ別れて、結婚になるのかなぁ〜と、ずっと辛抱強く待っていたのですが、魂の宿題が終わったのでしょう、結局はその男性と別れてしまいました。

するとその後、次のソウルメイトにぱっと出会って、あっという間に結婚が決まり、その報告の手紙でした。ブラボー！

嬉しくて、思わずぴょんぴょん、ウサギのように飛びました。

人生はすばらしい、ちゃんと、ごほうびがついてきます！

みなさんも、自分磨きをキュッキュッと楽しみましょう！

必ず磨いた分、それだけの変化がやってきます。

潜在意識のお掃除、エゴからの解放

いま、やっとたくさんの生まれ変わりを経て、それをまとめる総集編の時代が来ました。だから、波乱万丈の人生のしくみをプログラムしている人が、とても多いのです。きっと、この本を読まれているあなたも、その一人ではないでしょうか？　私自身もそうなので、同じ波長同士が引きあうのだと思います。

いま突き抜けて、おめでたくなっている人は、すでに潜在意識のお掃除ができて、その奥の、本当の自分である光の部分から光があふれて、目がキラキラ輝いています。何ともいえない魅力にあふれていて、そんな人は、もういつでもソウルメイトに出会える準備がOKです。

まだ、不安やマイナスの思い込みに悩まされている方は、ぜひここを読まれて、輝くためのヒントにしてください。

エゴとは、英語でｅｇｏ、「自我」という訳のほかに精神世界では「偽者の自分」という意味もあります。不安と恐怖の過去の体験から、同じようなことが、いまも未来も起きるぞと脅してくるエネルギーのかたまりです。実体があるようでいて幻のような、もやもやとした存在です。潜在意識に住んでいます。

人間の意識は三つの構造になっています。

表面意識と潜在意識とさらに奥の集合意識＝大いなる自己＝光の部分から成り立っています。

潜在意識の部分に、過去生から引きずった感情エネルギーがたまって、それが、波長の合う体の部分にも付着しています。さらに、この世で学んだこと、思い込みがしみ込んでいるところです。プラス思考とマイナス思考と呼ばれるエネルギーも、ここにたまっています。この潜在意識が夜、寝ている間に活躍して次の日のプログラムを構成していくのです。

時々感じられる**直感は、さらに奥の大いなる自己（英語でｈｉｇｈｅｒ　ｓｅｌｆ＝ハ**

イアーセルフ）つまり光の部分、魂さんからのメッセージとして、表面意識に送られる、光のエネルギーです。潜在意識の部分が掃除され、浄化されて薄くなってくると、光の部分が強く表面に出てきて、自己変容、時間変容、次元変容が容易になってきます。このプロセスは、ぜひ、前著の『人生の創造』を参考にしてください。たくさんの不思議でびっくりの奇跡が増えてきます。本当に「すべてはうまくいっている」の世界になってしまいます。

エゴが幅を利かすと、潜在意識が膨れ上がって、自分が光だということをどんどん忘れて、それを感じられなくなってくるのです。抑圧された、古い感情エネルギーやマイナスの思い込みが、分厚い壁になって、奥の光をさえぎって、光を感じられなくなります。

その壁を突き抜けて、たまに直感や、強烈な感情である衝動も光の部分から突き抜けて表面意識に上がってくるのです。感情も麻痺して、自分が一体何をしたいのか、何が好きなのかもわからなくなって、人に聞いてばかりになります。自分で選択や決断もできません。

マイナス思考が過去生からくり返されたパターンを盾に、「未来も同じことがくり返されるぞ〜」とささやいて、必死に信じ込ませようとします。

例えば、過去生で暴力的な夫に痛めつけられると、「男は乱暴だ！　攻撃してくる！　結婚するとまた暴力をふるわれる！」と思い込んで、その痛みから、付き合っている男性に、プロポーズされても、エゴが耳元で同じことをささやきます。せっかくそれに応えて結婚しようと思っていても、エゴが邪魔をするのです。

あるいは、自分の人生の舞台で、脇役の母親にマイナスのせりふを言ってもらうこともあります。そのときは、母親はボーッとした無意識の状態でこの役を演じますから、後から娘に聞かれても、そんなことは言った覚えがないと必ず否定します。

もっと積極的に「こんなにあなたを愛しているのに、そんなことを言うわけがないでしょう？」と、とんでもないとびっくりの表情で言い出します。これで喧嘩になることもしばしばです。

頑張って結婚しても、エゴがささやき続けて、それを鵜呑みに信じて不安になると、そのマイナス思考が幅を利かせて、過去と同じパターンを引き寄せて、今度は優しかった夫に、暴力夫を演じさせてしまいます。

それも無意識な状態で。そして、やっぱりそうだとまたマイナス思考、そのパターンを強化してしまうのです。

しばらくくり返すうちに、そのパターンから抜け出したくなってきます。そうなったら、いよいよ言霊パワーの出番です。

三回結婚して相手を変えても、暴力夫になってしまうくり返しから、ある女性は、「もしかしたら、夫のせいではなく、私のほうに原因があるのかもしれない」と気づいて、「ありがとう連呼」の効果を雑誌で目にして、だめ元でやってみました。潜在意識のなかに、言霊パワーの「ありがとう」が増えて、なんと、夫は暴力をふるわなくなり、かえってやさしくなって、嬉しいびっくりのケースがありました。

「ありがとう！」の言霊はすばらしい光を持っていて、潜在意識に入ると、エゴがどんどん弱くなってきます。

さらに、言霊パワーの「すべてはうまくいっている」を唱えながら、横歩きをする、笑い療法も加味された「カニ踊り」を知って、笑いを増やしていくと、これまたエゴちゃんは、言霊と笑いのパワーが眩しくて、すごすごと引き下がっていきます。エゴが苦手なものは、愛と感謝と笑いの明るさ、そして、無邪気さと喜びのパワーなのです。

何だか、この世で迷っている霊ちゃんと性質が似ています。

無意識のうちに、エゴの代役を演じてくれた、まわりの人々に対して、「ありがとう！」を連呼することは、「大変難しい、いじめ役、悪役スターを演じてくれてありがとう！」の意味になってくるのです。

気持ちのいい感謝のエネルギーに包まれて、相手は、もとの自分にもどりますから、とてもやさしい、いい人になってしまいます。

もちろん自分に対しても、「だめで、何度も失敗するひどい自分」という自己評価の低い自分と、光の部分の自分とは、とてもかけ離れています。

光の性質ではない、暗い自分を表現するささやきは全部、本当の自分ではないエゴだったのです！　エゴを本当の自分だと勘違いして、たくさんの人が自己嫌悪や自己否定をして、うつ状態になり、ひどくなると、自分を消したくなって自殺願望が出てくるのです。

この勘違いは、とてももったいないことだと思います。

この勘違いを見破ると、急にエゴは勢力を弱めて、そのうち退散し姿を消してしまいます。

せっかく仕事にしても、何かにチャレンジしたいとき、「どうせ失敗する、世間の笑いものになるぞ！　そんな才能なんかないよ！」と気持ちに水をかけるような、暗い内容だったらエゴです。

奥の光の部分は、逆に天使のように、やさしく、励ましてくれます。「大丈夫よ！　やればできるわ！　とにかく少しでも手をつけてみましょう！」と、気持ちが明るくなります。

ある女性のケースでは、小学校時代に毎日、母親から嫌な言葉を言われ、「どうしてママは嫌なことを言うの？」と聞くと、「いじめられたときのために免疫を作ってあげているのよ！」と言われて、なるべく遅く家に帰っていました。しかし、大人になったときに、思い切って問いただしてみても、まったく覚えていませんでした。

それは、彼女のエゴが母に頼んでいじめ役を演じてもらったのでした。自分が自分のことを同じように思っていて、それが投影されたのです。大好きな母親が、意識していじめたのではないことがわかって、彼女はほっとしていました。

これは、親からさまざまな虐待、（言葉や体の暴力も含めて）を受けた患者さんに、親にインタビューしてもらっても、ほとんどのケースで、親は無意識にやっていて、記憶している人がいませんでした。

講演会でこの話をしたところ、参加者の方から嬉しい感想が寄せられました。

「この前の講演会では、私にとって、長年の疑問が晴れました。それは私も母から言葉の虐待を受けていまして、二十代のあるとき、どうしてもこの思いを打ち明けたくて、母に言ったことがありました。でもなんと母はそのことをまったく覚えていなかったのです。その後、あるマウイに在住のチャネラーを通して母のハイヤーセルフと話すことがあったのですが、なんとハイヤーセルフでさえ覚えていないし、そのことで、私が傷ついていることも知らなかったのです。それにはびっくりしたし、どうして忘れてしまったのかずっと不思議でした。啓子先生の講演会で『それは無意識でやっていて、子供との約束でやっているだけで、愛するわが子に自覚して虐待はできない』と伺い、目が覚める思いでした。本当にこの人生はすべて自分で創っているのですね！　そして、イヤな役を引き受けてくれた母にあらためて感謝をしました」

逆に意識して、楽しくていじめていると言う人は、きっとそれぞれの過去生でその原因が何かあったのでしょう。

クリニックで過去生療法をやってきて、過去にこだわっている人は、エゴを自分だと思いこんでいる人たちでした。「それは偽者の自分よ。本当の自分は光なのよ」と解説するうちに、おもしろいことに気づきました。それが先ほど少しお話しした、霊ちゃんとの共通点です。

マイナス思考のかたまりになって、重い思いが潜在意識にたまっていると、亡くなったときに、波動が重くて、光に帰れないのです。ちゃんと光に帰るためにも、エゴからの解放がとても大切だと思います。

つまり、私たちの世界は、すべて自己波動責任なのですから、生きている間にエゴからの解放をして、明るい軽やかな波動になっておくと、亡くなってからもストレートに光に帰ることができます。

それでは、エゴちゃんの好きなものは？

権力、パワーゲーム、争い、不安、恐怖（特に死の恐怖）、緊張、憎しみ、命令、暴力、暴言、脅し、自己嫌悪、失敗、正しい間違っているの判断、批判、中傷、他人のせいにする、世間の目、加害者と被害者のゲーム、レッテルを貼ること、時間を気にする、過去と未来を気にする、悲劇の主人公、考えること、くり返し、などです。

思いあたりませんか？

それでは、エゴちゃんが嫌いなものは？

愛、希望、笑い、ギャグ連発、リラックス、許し、与える、あるがまま、いまに生きる、みんな仲良し、いいんじゃない〜、自己波動責任、チャレンジ、休息、瞑想、集中、無我夢中になること、感謝、譲りあい、自分大好き、考えないこと、感じること、観察、好奇心、冒険、どっちでもいい、無邪気、創造、奇抜なアイデア、ユーモア、時間を気にしない、死ぬことが怖くない、忘れっぽい、どうなるかわからないことを楽しむ、などです。

いかがですか？　何となく、エゴの見分け方がわかってきましたか？

見破れたら、光が差してきて、光の応援がどんどん来ます。

勇気もパワーも出てきて、余裕が出てくれば、直感が働いて、笑いも出てきます。そして、エゴちゃんが嫌いなものをどんどん増やして、明るく軽やかになってくると、居心地が悪くなって、すごすごと退散します。

最近発見したのは、笑う準備のために、顔のマッサージをよくしておくと、エゴが住みにくくなります。緊張のとき顔がこわばるので、顔のしこりや緊張を取ってしまうのも、いい手です。

よく観察すると、エゴに牛耳られている人は、猫背で、胸が狭くて、顔がゆがんでいます。「顔の細胞さん、ありがとう！　とってもすてき！　きれいね！（男性だったら、なかなかいい男だ！）」と思いながら、言いながら、顔のマッサージをしっかりやるだけでも、緊張が取れてきて、エゴが弱まりますよ！　鏡を見て、「きれい！　かわいい～！ハンサムだ！　かっこいい！」を声に出して言ってみましょう！

きっと、潜在意識はお掃除できてピカピカ！

ぜひ、お試しください。

ソウルメイトのお手本に出会う

本当の自分は、潜在意識にたまっている感情ではなくて、さらに奥にある光の部分なのですね。これを知らない人が多いので、このような解説書が役に立ってくるのだと思います。

本当の自分がわかれば、人生のしくみがクリアになってきます。それまでもやもやしていた、なぜこうなるのかという問いの答えをもらったようなものです。本当の自分に出会うことができれば、くり返していたマイナスのパターンに振り回されることもなくなって、大きな宇宙の流れに乗って、心地よい愉快な人生を感じられるようになります。

念願の人生のパートナーとしての、ソウルメイトにも会えるようになるのです。ぜひ、急がばまわれです。まず、本当の自分に出会いましょう!

自分が理想とするお手本のような人に出会ったら、ぜひ近づいて、ヒントをもらいましょう！

エゴからの解放を体験したら、次は潜在意識が浄化されて、薄く軽やかになり光があふれ出て、まずパワーアップして元気になります。笑顔が自然に美しく出るようになります。目に輝きが出てきて、肌もつやつや、若返って、人から、何か最近いいことでもあったの？　輝いて見えるけど、と言われたり、「最近若くなったね！」と言われるようになります。

加山雄三さんのお母様は、六十五歳のときでも、三十五歳くらいに見えました。

由美かおるさんも、五十代なのに、二十代に見えます。体型も肌もキープしていてブラボーです！　本人の意識と努力で可能なのですね。テレビで『水戸黄門』を見るたびに感心して、彼女の立ち回りの真似をしながら、シェイプアップに励んでいます。

あなたのまわりにも、自分をきちんと磨いて、自分の好きな年齢をキープしているかたがいると思います。ぜひ、自分にとってお手本になる方に、インタビューをして、その秘訣を聞いてみましょう！　ヒントをもらいましょう！

さらに、すてきなソウルメイトと出会って、人生を楽しく過ごしている人にも近づいて、インタビューをしましょう！　そばにいるだけでも、波動のいい刺激をもらえますし、いい気づきがあると思います。

私も、中学、高校時代から、すてきだな〜と憧れている女性が二人います。

一人は、かつて私の主治医で、産婦人科医の堀口雅子先生。ご主人も産婦人科医師で、共働きを理解している新しいタイプの男性です。息子さん二人を一緒に育てて、家事も一緒にという、ソウルメイトとしてのともに働く理想的なカップルです。

虎の門病院の婦人科医長もされた名医です。難病を抱えながら医師への夢を捨てなかった私を、主治医として、人生の先輩として、応援してくださった恩人です。

大らかで、理性と感性が統合された知的な、そして愛があふれていて、具体的な女医としての目標になりました。お薦めの著書に『三十五歳からの女のからだノート』（新潮OH！文庫）があります。性と健康を考える女性専門家の会の会長でもあります。

七十五歳のいまも、クリニックやさまざまな団体の会合で忙しく、現役で活動中です。

先日東京での講演会に来ていただいて、元気になった姿を見ていただき、感無量でした。

もうお一人は、高校生の影の薄い時代から、精神面でとても支えていただいたかたです。鮫島純子さんといって、品がよくて頭のいい良妻賢母のお手本です。三人の息子さんを育てて、お嫁さんたちとも仲良し。八十二歳とは思えない、はつらつとした笑顔のすばらしい私のお手本です。ご主人も、言葉少なくシャイな日本男児でしたが、いつもダンディでおしゃれでした。晩年、お二人で、あちこち水彩画のスケッチ旅行をされる微笑ましい円熟カップルに、やはり、すてきなソウルメイトカップルのお手本を見ました。いつも、にこにこと「お父ちゃま」とご主人を呼ばれる笑顔に癒されました。祈りの会に誘ってくださり、祈りや瞑想を習慣にする基礎を学びました。霊媒体質で影の薄かった私を明るい方向に導いてくださいました。やはり、心の、精神の、さらに、もっと深い魂の恩人です。

ご主人がガンになられてもご主人の希望どおり、病院とも手術ともコバルト照射ともご縁を作らず、ホームドクター・荘淑旂先生のご指導のもとに、自宅の住み慣れた居間であちらへ移行する手伝いをされました。最期は、水だけしか受け付けなくなり、みごとに、ご主人は透明のような美しい身体になられて天上界へお帰りになりました。

私も、あの世に帰るときは、現役でぽっくりのコースか、ガンならば、鮫島さんのご主人のような、自然体の移行をしたいと、しみじみ思いました。

ご主人のために、世の中の様子をお得意の水彩画で描いて説明された巻物のような、イラスト集が二〇〇〇年、イラストエッセイ集『あのころ、今、これから……』（小学館）として出されて大好評でした。七十八歳でデビューです。続刊『忘れないで、季節のしきたり、日本の心』『毎日が、いきいき、すこやか』（ともに小学館）もお薦めです。また新たに、子育ての本も出るそうです。

実は鮫島純子さんは、近代産業の礎を築き晩年は社会事業に尽くした渋沢栄一さんのお孫さんで、『青淵』という雑誌にもよく随筆を書いておられます。出版記念パーティや講演会にも出てくださり、自分の憧れる人に成長を見てもらえて、本当に嬉しい限りです。

みなさんもすてきな人に出会ったら、お手本として大いに学びましょう！

積極的に会って、お話をして、相手のエネルギーを感じてみましょう！

すてきに輝いているヒントやコツを伺って、できそうだったらまねをしてみましょう！

そして、自分も輝いてきたら、おかげさまでと、また会いに行って報告をしましょう！
きっと喜んでくださいますよ！
さぁ、自分の夢を叶えているお手本探しにGO！

具体的なイメージを

お手本が見つかって、コツを身につけたら、次は具体的にイメージを創っていきます。
夢の実現は、次のプロセスがありますので、実際にやってみましょう！

●夢の実現プロセス

①まず、思うこと
②それをイメージすること
③批判的でない人に語ること
④言葉で書いて、絵に描いて、それをよく眺めること

⑤楽しく宣言（アファーメーション）すること
⑥すでに叶っているように、行動すること
⑦天使や宇宙に「ありがとう」と先に感謝をしておくこと

以上、七つのプロセスで進みます。

ソウルメイトに会うにも、同じように、より具体的にイメージすると流れがよくなります。

ここで一緒に試してみましょう！

いままでの本でお薦めしましたが、**人生のパートナーとしてのソウルメイトをイメージして、具体的に、六十項目書き出してみましょう！**

もちろん、六十という数字にこだわらなくてもいいのですが、多いほうが物質面だけでなく、精神面にまで条件が行き渡るからです。百でもＯＫですよ。

●ソウルメイトの条件六十項目

まず、私なら、こんな感じで、思いつくままに、リストアップしてみます。
参考にしてみてくださいね！

①誠実で優しい人
②目がきれいで、魅力的な人
③笑顔がすてきな人
④タバコを吸わない人
⑤品のある人
⑥価値観が同じ
⑦清潔でおしゃれ
⑧家事を一緒にやってくれる
⑨経済的に安定している

⑩神経質ではない
⑪大らかで、勇気がある
⑫ユーモアがあって、ギャグが好き
⑬程よくお酒を楽しむ
⑭映画や旅行が好き
⑮信念が強く、自分の夢を持っている……etc.

など、さぁ、こんな感じで書き出してみましょう！

いくら物質面が満たされても、本当の心の面、精神面が満たされないと、ソウルメイトとしての深いレベルでの関係が築けません。価値観も一致するように、細かく思いつくまで書いてみてください。親友と一緒にやっても楽しいですよ。お互いに、証人になれますから。

もう、潜在意識にたまっていたマイナスの感情や思い込みが解放されていますから、とても軽やかな意識状態を保つことができます。

軽いノリが自分の内面から感じられたらＯＫです。

まだどこか、どこか気が重い感じで、その気にならなかったり、「そんなにうまくいくはずがないわ。いままでもうまくいかなかったのだから」と過去の思いを引きずって、まだ「いまに生きる」という選択ができないときには潜在意識のお掃除をじっくり集中してやりましょう！

一番お金がかからない方法は、瞑想です。迷走ではなく、目を閉じて、静かに自分の内面に意識を向けることです。そうすると、分散していた意識が集中できて、仕事効率もよくなり、体調もよくなって、生活に余裕が出てきます。

とっても簡単なのですが、「瞑想」という言葉が、堅い印象を与えるのかもしれません。

よく雑念がたくさん出るので、私は瞑想が下手だと思い込む人がいます。

雑念が出るのは、潜在意識の薄い層のお掃除なので、ちゃんとできているのです。薄い層というのは、いまの人生の日常的な部分のお掃除という意味です。だんだんと雑念が湧いてこなくなって、あるときすっと「無」や「空」を感じる瞬間が出てきます。それは、とてもいいサインです。そのまま、ぜひ続けてみてください。とても気持ちよい境地になって、身も心も軽くなる実感が得られます。まるで、波動温泉に浸かっている感じになります。

そうするとさらに深まってきて、光を感じたり見たり、イメージが出てきたり、そのイメージがはっきりしてきたり、具体的に意味がわかるようになったり、ついには、メッセージが込められるようになります。短いメッセージが感じられたりもします。

ただ、「我こそは○○なり」と歴史上の有名人や大天使などがしゃべりだしたら⁈です。無視しましょう！　霊的ないたずらの可能性が大です。自分の光の部分からのメッセージはシンプルで、さりげないものです。仰々しいのは、エゴの拡大と思っていいでしょう！

これで、もう勘違いはなくなりますね！

瞑想のなかで、理想のソウルメイトがイメージできたらＯＫです。

すぐに、**具体的なイメージのリストを書いてみましょう！**

それを、親友とお互いに分かちあえるといいですね。マイナス思考の人には見せないことです。せっかくの、うきうき気分に水をさされますから。

時々、リストのチェックをお薦めします。変更したくなるときもあるからです。
あんまりころころ変わっても、宇宙がびっくりしますが。
そして、**後はおまかせの境地で、天に、宇宙に任せましょう！**
毎日、大らかに自分磨きに専念、キュッ、キュッでございます。
ではちょっと、京都風に、「おきばりやす！」。

第五章　聖なる恋愛、聖なる結婚

依存しあう関係

恋愛でも結婚でも、お互いに依存しあう関係は、誰もが体験してきました。いまでもしている人は多いと思います。**依存しあう関係は、長続きしにくい**のです。どちらかが負担に感じて、「もう嫌だ、これ以上はできない、自分でやって！」と叫んで感情的に切れると、関係もそれで終わりになることがあります。

「あなたなしでは生きていけない」と聞くと、自分をこんなに必要としてくれていると、その人に引きつけられてしまいます。それは、自分を認めていない人にとっては、強力な媚薬となります。

相手に、代理母、代理父を要求してしまうこともあります。

自分の幼年期に両親からの十分な愛情がもらえなかったときに、恋人や伴侶に親の役を

求めてしまうのです。

あるケースでは、母親が厳しくて、早く母親のもとから離れたくて結婚しましたが、夫にやさしい母親を求めてしまい、つい夫を「ママ」と呼んでお互いに顔を見合わせてびっくりしたという話もあります。確かに、夫はふくよかで、体型が母性的だったので、思わず錯覚したのかもしれませんが、「僕は、君の母親ではないよ」と言われてしまったそうです。

もちろん、彼女も代理母にしようと思ったわけではなく、無意識に出た言葉だったのですが……。

その逆のケースは、クリニックを訪れる女性の悩みとして多く見られます。

恋愛中でも、あるいは結婚してからでも、彼が自分に対して母親のように甘えてくるのです。ほとんどは**過去生で本当に親子関係で、戦争やその他の事情で引き離されたという悲しい別れがあり、まるで時代を経て、再育児をしている**かのようでした。その解説を聞いて、母親役をしている女性たちは納得して、「もう母親の役は十分やったから、卒業！」という意識の切り替えをしてすっきりと前に進めるのです。

逆に、**過去生の関係が一緒になれなかった恋人同士で、今生は親子になって、べったりくっついて愛情をたっぷりもらうことで解消している場合もあります。**

『女性自身』で連載していた漫画「愛と光のクリニック」でも紹介したのですが、離婚から母子家庭になった、母と息子のケースでは、過去生が江戸時代で心中した恋人同士でした。「いつもお母さん、きれいでいてね！」と十歳の息子さんがお母さんをとても大事にして、恋人のように指をからませて手をつないで歩くのです。十年間、二人きりで、新婚？生活を楽しんだ後、満足したのでしょう。母親に恋人ができても、ヤキモチを焼かなくなって、無事再婚したのでした。

まるでスイッチが入るように江戸時代の続きが始まり、満足すると逆にスイッチが切れるかのようです。

なかには恋愛のときと結婚してからと、人が変わったかのように大変貌することがありますが、それもスイッチが入ったと思えば、納得がいきます。

「先生、恋愛中は、主人ととてもラブラブだったのに、結婚したとたんに、まったくセックスレスになってしまって、訳がわかりません。どうなっているのでしょう？」と首をかしげるかたもいます。過去生のヒントからは、結婚してから、過去生での親子関係の続きが始まって、前述したように再育児モードになり、親子ではセックスのムードにならなくて、そのようになってしまったのでした。

クリニックに見える方は、ほとんどハードルを乗り越えた方が、そのハードルの解説を受けに訪れるため、このようなケースでも、ほぼ続きを終えていますから、**自分で潜在意識にアファーメーション（宣言）することで意識を切り替えることができます。**

「今日から、母親を卒業して妻になります！」「今日から、女になります！」

と宣言することで、しっかり潜在意識に新しい思いが入って、変化してきます。

みなさんも、もしかしたら自分もそのパターンかもと思った方は、ぜひ切り替える宣言をしてみましょう！

二人の関係を振り返って、自分が母親としてもう十分に彼に愛を注いだと思ったら、ぜひ「今日で、母親役は卒業する！」と決めてみてください。二人の関係が母子の関係から、お互いに助けあうパートナーの関係に変容していきます。人生は自分の思いで創っていますから、決心を変えることで、流れが変わるのです。

まだ、このままでいいわぁと思った方は、そのまま続けてください。いままでと違って、訳がわからず「?」のまま無意識に行動するのではなく、意味を持って、目的意識を持ってできますから、前よりも楽しく母親役ができると思いますよ!

心理学のなかでも交流分析では、親、子供、大人の三つの役割から、人間関係を分析しています。**親の部分と子供の部分が組み合わさると、親子関係が展開され、依存した関係となるのです。大人と大人の関係のときに、自立した関係になります。お互いに遊ぶときは、子供同士の関係なのです。**

みなさんのまわりには、親子関係がありますか?

親子関係を卒業するときに、そのまま関係も終わることもあれば、人間関係は続けても、依存関係をやめて自立した関係に発展することもあります。

長く付き合っていた恋愛関係が母子関係になって女性が負担を感じたころ、彼に新しい彼女ができて、裏切られたとショックでうつ状態になって来院されたケースがありました。

過去生で中断された母子関係が再現され、再育児が終わって息子が思春期になり、彼女ができたと解説をすると納得して、すっきりと彼と別れることができ、次に現れた本命の人と結婚しました。本命の人は、とてもやさしくて、頼れる人だったので、彼女は「前の一方的に甘えてくる彼に執着しなくて、本当によかったです。ありがとうございました」と嬉しそうでした。

彼女の場合は、前の彼との関係で、再育児という魂の宿題をきちんと終えて、本命の人との結婚へと、人生のシナリオが予定どおりにうまくいったのです。

潜在意識に残っている過去からの感情をどんどん解放することで、奥の光の部分から輝かしい光があふれ出て、本当の魅力が表現されて、本命に出会えるのだと思います。光あふれる笑顔いっぱいのカップルになって、それこそ輝かしい愛と笑いの絶えない家庭を創りましょう！

父親と娘の関係で、同じようなことが展開する例もあります。父親と恋人のように、夫婦のようにべったり依存しあう場合です。母親が嫉妬するほどややこしくなる場合は、きっと三角関係だった可能性があります。その場合、娘が父親から離れられなくて結婚しなかったり、しても夫よりも父親が気になって、何かと実家にもどって母親以上に世話をしたくなります。

それは、過去生での恋人や夫婦でできなかった続きをやっているのですから、続編だと思って気がすむまで続けるか、自分で潮時と卒業を宣言するか、どちらも選択自由です。どちらにしても、このような解釈を知っているだけで、気が楽になります。

いかがでしょうか？　自分の状況を理解するヒントになったでしょうか？

いまちょうど、親子関係の解消をしている方も、それを目指して手を抜かず、たくさん愛を注いだら、早めに卒業して次の楽々コースに行きましょう！

執着の関係から聖なる関係へ

精神性が高まってくると、独占欲も少なくなって、穏やかになってきます。捨てられるのではないかという不安が、どうしても潜在意識から上ってきて、それを打ち消さずに相手を言葉にしてなじると、それは相手の潜在意識に入ってしまって、その状況を引き寄せたくなってきます。

これは、マイナスの思い込みが成就するパターンです。みなさんも思いあたることはありませんか？

妻が嫉妬深くていつも夫を疑っていると、夫の潜在意識に刷り込まれて、その気もないのに、本当に浮気をしてしまうことが多々あります。

妻の父親が浮気をする夫で、母親を困らせていたのを子供時代にずっと見ていたり、そのような話をまわりから聞かされて、「男は浮気をするもの」というイメージが潜在意識にしっかり刻まれていると、妻が「絶対に夫は浮気をする！」と強く念じて信じ込んでいますから、当然、彼女の想像どおりに「浮気をする夫」を創造してしまうのです。彼を責めることはできません。そうさせたのは自分の思いですから。

逆に、「夫は大丈夫、私とラブラブだから浮気はしないわ！」と、とことん健気にかわいく信じ込んでいると、その信じる力、エネルギーは、たとえ、それまで、「浮気は当然」と思い込んでいた夫の潜在意識であっても、そこに新しいパターンが刷り込まれて、浮気をしなくなります。

つまり、**お互いに相手のイメージを演じあっている**のです！

それも、初めは無意識に。

この本を読んだかたは、もしやめたければいまから無意識で演じあうことをしなくてもよいのです。

本当の自分で生きたいと思うかたは、この人間関係のしくみを知ると、このパターンにはまらなくなります。

夫婦や恋人同士の喧嘩で、「おまえはいつも◯◯だから！」「あなたは必ず◯◯なのよね！」と自分を表すレッテルについての解説を始めたら、十分に注意しましょう！　それを、そのまま自分の潜在意識に入れ込んでしまうと、そのとおりの自分をまた演じてしまいます。「あら、違うわ！　私はいつもＯＫよ！」と小声で言ってみましょう！　潜在意識に入らずにすみます。勇気がある人は、相手に「忠告をありがとう！　そのパターンを自分からはずすわ！」と大きな声で言ってみてください。すると、力強くパターンがはずれます。

潜在意識に刷り込まれている思い込みは、同じ人生の子供時代に両親から受けたイメージからのものと、もっと古い過去生からしみ込んでいる場合とがあります。どちらにしても、マイナスの思い込みをはずそうと意思して決心すると、それは可能です。

新たなプラスの思い込みに変化して、みごとに相手もそれに反応して変わりますので、ぜひ実験してみてください。なるほど、がってん！　と納得できると思いますよ！

アロマ（香り）で、思い込みの解放にいいのは、ジャスミンと沖縄の香り、伊集ぬ花（いじゅぬはな）がお薦めです。沖縄の人々が、解放されているのは、さんぴん茶（ジャスミン茶）をよく飲んでいるせいもあるのかもしれませんね。

地球の細胞でもあるクリスタル（水晶）も、握ったり身につけたり飾っておくと、エネルギーレベルで共鳴して、たまった感情や思い込みがはがれていきます。詳しくは、『人生の癒し』（徳間書店）を参考にしてください。

地球の細胞にじかに触れることで、しがみついていたもの、執着していたものからみごとに解放されて、すがすがしくなります。

意識を広げて大らかになってみると、気持ちが楽です。

「地球が我が家！」と言ってみると、物や土地やしがらみが消えていきます。

人間関係がややこしくなったときに、母の言葉を思い出すようにしています。

「人間が百人いて、五十一人味方ならＯＫ、四十九人敵でもどうってことないわよ！」

半々よりもちょっと味方が多ければ大丈夫、ということです。

母方の祖母が佐賀県出身だと本に書いたら、佐賀県のファンのかたが、とても元気になるベストセラー、島田洋七著『佐賀のがばいばあちゃん』（徳間文庫）をプレゼントしてくれました。そこにも、パワフルで元気になる言葉がいっぱい！

「二、三人に嫌われても、反対をむけば一億人いる」

これも、元気が出る、力強い言霊ですね！

島田洋七さんは、小、中学校と佐賀のおばあちゃんに育てられて、たくましく明るいお笑い芸人になりました。

「何もしてないのに、どうして悪く言う奴がいるんやろう」と悔しそうにしているときに、おばあちゃんは元気をくれます。

「二、三人に嫌われても、反対をむけば一億人いる。

お前が好きな人がおっても、その人も誰かに嫌われている。

お前もいい人やと言われても、お前を嫌いな人もいっぱいいる。

世の中、それで成り立ってると」

この本を読んでいると、「よかたい、よかたい、いつか啓子ちゃんの真心ばちゃんと通じると。あはははは〜」といつも笑顔の祖母が思い出されて、涙が出てきます。人生哲学は、祖父母から学ぶのだなぁとしみじみ思います。

「大好きなハルおばあちゃん、天国で、啓子を見ててくんしゃい！」

執着の関係は、特別の関係といってもいいかもしれません。「特別の」という言葉の響きのほうが心地よく感じます。うまくいっているときには感動的ですが、いったんこじれだすと思い入れが強いだけに、いままでこれだけいろいろやってきてあげたのに、と怒り出して逆上し、どうにも止まらず、噴火が続きます。「いままでこれだけ……してあげたのに」のフレーズが必ず、くり返し降ってきます。……がお金だったり、物だったり、労力だったり、心労だったり、気持ちだったり、いろいろです。

もちろん、されるほうは、決して要求したりお願いしたわけではないのですが、自分の思うとおりにならないと、逆上、脅しのパターンに変身してしまうのです。

しかし、口では頼んでいなくても、潜在意識が助けてほしい、やってほしいと依存のエネルギーを出しているのでしょうね。調子に乗って相手の流れのままにしてほうっておくと、どんどん違う方向に変化して、実は、困る、違うといっても、なかなか修正がきかなくなります。

私もこのパターンをくり返してきたので、よくわかります。本当に自立していくには、NOと言うことも大切なのです。早めにNOが言えるように、訓練が必要でくり返しているのでしょう！

借りを作ってしまうと、いつのまにか特別な関係になって、NOが言えなくなります。見えないけれども、エネルギーレベルで縛られているのです。

借りを作らないように、まめに、丁寧にエネルギーの交換をしていれば、五十対五十で、対等に自立の関係を保てるのです。

いつでも誰とでも、さらりとして、自立した、聖なる関係を保っていけたらと思っています。

みなさんも、はっと気づくような、依存する特別な関係が残っていませんか？

さらりと軽快な、自由な関係を創っていきましょう！

自立した尊敬できる関係に

お互いが尊敬できる相思相愛の場合に、出会った魂は、とても美しく響きあい、高めあって、それまでの人生がさらに、輝かしいはっきりと意識できるものに変容していきます。

これは、誰もが体験できるとは限りませんが、二十一世紀に入って、この領域に達しているソウルメイトたちが増えてきました。

さまざまな学びの後に体験できる、まさに「総集編の時代」にふさわしい関係です。いまの時代は、文明としてもある程度進んできて、多様性の体験ができるために、いろんな時代の人生でやり残したことを成し遂げるために、それぞれの人生のシナリオが、かなり盛りだくさんになってきています。

そのなかに、人間関係のあらゆるパターンも網羅されて、大忙しの人間関係をこなしている人も多いようです。

最近のファンのかたからの手紙のなかで、承諾を得て、ご紹介したいソウルメイトのカップルがあります。

それぞれ家庭を持っていて、同窓会で再会して、若い頃の思いがすてきに再燃したお二人です。それぞれにとても真面目に家庭も大事にしてきたので、メールの交換で思いを伝えあい、それぞれが大きく成長して、いまは交流を控えているそうですが、そこに**魂同士の尊重しあう思いやりと気高さ**を感じました。

「彼と一度は再会したのですが、それもお互いの役割が十分に終わり、それぞれに歩き出すためのプロセスでした。もう会うこともないでしょう。

とても素晴らしい半年間でした。三十年間お互いに抱えていた想いがあらゆる形で現れてお互いに望んでいたことがすべて叶いました。

お互いそれぞれが抱えていた子供時代からのトラウマやコンプレックスや課題が、ともに相談しあうなかですべて解決できました。

彼のためにたくさんのお料理のレシピを考えたり、素敵なお菓子やケーキを色々沢山紹介できました。彼も私のために、多くの歌や詩を作ってくれました。

私たちは、本当に素敵なカップルでした。

お互いのいまの家族についてもずいぶん話しあいました。いいところも悪いところも。**お互いが自分のパートナーを許しあえるようになったのが、とても大きな収穫**です。

同時にこのプログラムはたいへんエネルギーを使いました。これ以上は続けられませんでした。

ふたりはソウルメイトであることに違いはありません。またいつの日か、いつの世にか再会できるでしょう。今度生まれ変わるときは小さな頃から許嫁で誰にもじゃまされずに生涯仲良く添い遂げようと約束しています」

この手紙を読んでいて、もらい泣きをしました。とても切なく、でも純粋な二人の愛を感じたからです。

「お互いそれぞれが抱えていた子供時代からのトラウマやコンプレックスや課題がともに相談しあうなかですべて解決できました」の部分は、まさに、出会うべくして出会った意味を強く感じます。依存しあう関係、執着しあう関係ではなく、学びあう関係になっています。

そして前述の、

「彼のためにたくさんのお料理のレシピを考えたり、素敵なお菓子やケーキを色々沢山紹介できました。彼も私のために、多くの歌や詩を作ってくれました」

のように、お二人はすてきにクリエイティブですね。

お互いに相手のために創造性が開くことは、お互いがエゴではなく、本当の光の部分が開いて、光がちゃんとあふれ出ています。ブラボー！

これは、「恋に落ちる」のではなく「恋のぼり」ですね！

いまはちょうど五月五日、こどもの日です。鯉のぼりが、あちこちで元気よくはためいています。お二人の未来を祝福しているかのように！


彼のすてきな詩を二つ紹介しましょう！

「怒るとき、泣くとき、笑うとき

人は沸き起こる感情を抑えることはできない。
抑えたつもりでも必ず弾けて溢れてしまう。
ただ愛だけが感情を癒すのだ。
僕が困っているとき君が癒し、君が泣いているとき僕が癒す。
その繰り返し、繰り返し。
幾度かの冬を越え、幾度かの春を迎え、硬い殻から、やがて芽が出る。
あすを信じて僕らは生きる」

「君との約束

前世で僕らは誓いあったに違いない。
『今度生まれ変わるときはきっと夫婦になろうね』って。
子どものときに再会して互いに惹かれあって恋をして、
微妙な接点を持ちながら、

でもすれ違ってきた。

きっと僕が前世までに片づけなきゃいけない宿題を忘れて、君との大切な約束を先送りにして、君に迷惑ばかりかけて、子どもみたいな僕はいつも君を困らせていた。

冷静で真面目な君は、
ずーっと待っていてくれた。

そんな気がします。ありがとう。

次回生まれ変わるときは、生まれたときから幼なじみで、何時も手をつないで一緒に大きくなって、家族みんなが認める許嫁同士になって、
幸せな結婚をしようね。

約束しよう。愛しています」


過去生療法が自分でできる、誘導瞑想のＣＤ『森の瞑想』で、彼のほうがまず、二人の

過去生を思い出したそうです。

「最初にピンクの雲に乗ってやってきたのは、白い羊の子供でした。メエメエと鳴くばかりで会話は成立せずうるさかったのですが、ずっとそのイメージは変わりませんでした。

北アメリカのセコイヤのように背の高い深い森の中で、彼女が馬の背に乗せられて、森の道を見知らぬ土地に連れて行かれるのを眺めています。インディアンの時代のようです。

彼女が何度となく僕のほうを振り返って見ています。切ない気持ちでいっぱいで、悲しい思いを打破して下さいとの言葉に、思わず彼女の乗った馬の右側に駆け寄って彼女を下ろそうとしますが、何かの抵抗を受けてうまくできません。

彼女も手を延ばします。一度は抱きしめあうのですが、その後、胸の辺りが焼けるように苦しくなっています。その先のイメージがうまく取れませんでした。その場で命を落としたのかもしれない。彼女がよく僕がバイクに乗っているのを心配していた理由がわかる気がします。僕の死を恐れていましたから。

彼女のいまの夫が白人で、彼女は彼の奴隷で妾のインディアンの娘、僕は、彼女の許嫁でしたが力なく彼女を見つめていた若者です。

ＣＤで過去生のイメージを思い出せたのは、素晴らしい体験でした。まだまだぎこちないところはありましたが、イメージ的には納得できた気がします。

次の場面では江戸の町でしょうか？　大きな商家の並ぶ広い通りの反対側から僕は彼女を眺めています。彼女は、きれいでこざっぱりとした萌黄色や柿色の着物を着て、店の前を掃除しています。テキパキと手際よく、口元もキリッとしてさわやかです。たぶんこのときは、身分違いか引っ込み思案か、彼女に手が出せない事情が感じられます。

森からの帰り道のハイアーセルフは、とにかく白く輝く髪と髭の老人だったような気がします」

インディアン時代と江戸時代の、二つの過去生でのイメージが出てきて、彼は、今の状況と照らし合わせて、納得したようです。彼女のほうは、イメージが出てこなかったと残念がっていましたが、これもタイミングがあります。またいつか、ぴったりのときに思い出すかもしれません。いまはもう会うことも、メール交換もしていないそうです。

このさわやかなお二人が、今生で将来一緒になれるのかどうかは、お二人の魂さんしかわかりません。きっとすてきなハッピーエンドになると信じています。

聖なる恋愛と結婚

聖なる恋愛と結婚とは、どのようなものでしょうか？
普通の恋愛や結婚とは、どこが違うのでしょうか？

聖なる恋愛と結婚とは、本当の自分をそのまま出しあって、自然体の触れあいができる、自立した、尊敬できる、対等の関係だと思います。どちらかが無理をして自分を抑えつけていると、そのエネルギーの歪みは、やがて爆発して無理な状態を続けられなくなってきます。自然体のままでいられるのが、聖なる関係なのです。そこには、意外な真実が隠れています。

自分を満足させられるのは、自分しかいないということです。相手に自分を満足させてほしいと要求する間は、聖なる関係になれないのです。**自分で自分を満足させることができる人が、実はとても自然体なのです。**そのままで幸せなのですから。

どうですか？　いまの恋愛や結婚は、いかがでしょうか？

自分らしさが、出し切れなくて、相手に合わせて無理をしていませんか？

相手に合わせようとするとかえって、うまくいかなくなることが多いのはどうしてでしょうか？

実は、最初に惹かれあったのは、いつもの自分であっても、いざ恋愛や結婚を始めると、お互いに相手に合わせて自分を抑圧してしまい、あまりにも不自然で、本来の輝きがなくなってくるからなのです。

お互いに、何が原因なのかがわからなくて、ぎくしゃくします。これがこうじると、関係がうまくいかなくなるのです。そういえば、昔そんなことがあったと思い出していませんか？

どうしてそうなるのかといえば、実は、自己評価に関係しています。

自分に自信がなく、自己否定が強い場合は、どうしてもいまの自分ではダメだと強く思っているために、好きな相手の前では、違う自分を演じようと必死になるのです。

相手は、自然体のそのままの状態がよくて近づいたのに、付き合っているうちにだんだん変容して、自分がいいなと思った相手がそのイメージからどんどん離れていくために、「あれっ、自分の勘違いだったのかな?」と思って、離れてしまうのです。

なんともったいない!

そのまんまの自分でよかったのに、自己評価が低いほど、その傾向が強く出てきます。好きな人の前で固まってしまい、何も言えなくなる人がこれに当てはまります。緊張するタイプです。

そもそも緊張する人は、自己評価が低くて自信がありません。自分をきちんと見ていないので、自分なんかと自己卑下するので恋愛は難しいです。よほど相手の人が辛抱強く、「そのままのあなたがすてきなの、それでいいから」と何度もしっかり伝えて相手にわかってもらう粘り強さと大らかさがないと、その自己卑下にうんざりして去っていきます。

このパターンだと思った人は、ぜひ急がばまわれです。**自己評価をきちんとして、せっかくのいい出会いを逃がさないように準備をしましょう！**

自分をきちんと認めてあげましょう！　まわりの評価でなく、自分が自分をきちんと認めることが一番大事なのです。

そういう意味では**恋愛をすることは、自分を見つめる、とてもいいチャンスですね。**恋愛をするたびに、自分のいろんな面を感じて、新たな自分に気づいてびっくりすることもあります。また、**相手の関心のある部分を共有することで、世界が広がることが、恋愛の醍醐味**でもあります。

もちろん友達でもそれは可能ですが、恋愛のほうが必死ですので、吸収度が違います。相手を理解したい、一緒に共有したい気持ちで必死に学びますから、成長の度合いが大きくなります。特に語学はその国の人と恋愛するとマスターできるといわれていますが、本当ですね。やはり動機付けがやる気を起こすのだと思います。

私の従姉は、アメリカに語学留学したときに出会ったイラン人のすてきな男性にビビッと感じて結婚。いまはイランの日本大使館で「テヘランの母」と呼ばれるほど、ペルシャ語も英語も、もちろん日本語も堪能なので、イラン人、日本人両方の相談にのって、重宝がられています。

子供たちと一緒に小学校へ通って、生のペルシャ語をマスターしたそうです。バイリンガルではなくて、トリプルリンガルです。イランと日本の架け橋になる国際結婚をみごとに成就しています。

夫のドメスティックバイオレンス（ＤＶ）に悩んでいたある女性は、悩みを相談していた男性友達との間に、避妊をしていたのに子供ができて、びっくり。どうしようと悩んで、すぐ弁護士のところへ。調べると、逆に夫に愛人がいることがわかって協議離婚になり、無事、青あざだらけの生活からの脱出に成功。子供も産んで、彼とも再婚して、いまはとても幸せそうでほっとしました。上の二人の子供たちも暴力的な父におびえてあざだらけでしたので、やさしい新父にも慣れて、笑顔がいつも見られるようになりました。ブラボーです。

この場合、避妊をしていても、パワフルに生まれてきた子供が、暴力夫に悩む母親を救い、やさしい父親まで引き寄せています。まさに光の天使、愛のキューピッドですね。暴力夫とは、魂の宿題をするソウルメイト、次のやさしい夫は、**聖なる結婚をするためのソウルメイトだと思います。お互いにいたわりあい、助けあって、対等に話ができて、一緒にいるとほっとできる、ほのぼのした結婚です。**

できれば**魂の宿題を終えて、聖なる結婚にまでレベルアップして、心穏やかな毎日を楽しみましょう!**

同じ人で移行してもいいし、相手を替えてもOKです。ケース・バイ・ケース、魂・バイ・魂です。

それには**きちんと、お互いに本音を語りあえることが大切**です。

あるケースでは、最初の結婚でパワフルな夫に自分の意見をなかなか言えず、おとなしく我慢していたら、たまりにたまって一気に爆発し、別れてしまいました。はた目には喧嘩もしない、おしどり夫婦とされていたので、周囲は離婚にびっくりしたそうです。

二度目の結婚では、また同じようにパワフルな夫でしたが、最初の夫と違うのは、「黙っていては、何を考えているのかわからん。ちゃんと言葉で言いなさい!」と彼女の気持ちを聞き出そうとして、真剣に喧嘩を吹っかけてきました。

最初は以前と同じように、黙ってうつむいて耐えるパターンをくり返していたのですが、それを許さない夫のおかげで、少しずつ彼女も自分の気持ちや考えを言えるようになってきました。

面と向かって言えないときには、電話で話したり、手紙を書いたり、携帯のメールで意思表示をしました。びくびくしながら、たどたどしくても言えるようになってから、咳込むことがなくなり、のどが詰まった感じが取れてきて、胸のつかえがすっと取れ、呼吸が楽になったそうです。

いまではため込まずに、その場で夫にちゃんと伝えることができるまでに成長したそうです。

本音を語れるようにインストラクターになってくれる人を、次の夫に選んでいたのですね。

前の結婚のときは、いかにも従順な奥様でしたが、実際よりも老けて見えました。元気がありませんでした。最近では、いつも笑顔ではつらつとしていて、前よりも若返って見えます。自分らしさを出せているのですね。やっぱり、本音を語り本音で生きるほうが、自分らしく表現できて元気でいられるのだと思います。

喧嘩をしないほうが仲良しとも限らないのですね。**喧嘩をしながら、お互いに本音をバンバン言えれば大丈夫です。そのうちに、穏やかに本音を語れるようになってきます。**

これは夫婦だけでなく、家族、職場、すべての人間関係に当てはまるのではないでしょうか？

二十一世紀は、本音を語り、本音で生きましょう！

自分の家庭を平和に保って、地球全体の平和に向けて、ＧＯです。

地球の平和は、個人の心の平和、家族の平和からです。

第六章　パートナーシップについて

仕事のパートナー

仕事のパートナーについては、私も非常に興味があります。波長が合うと、必ず仕事にいい影響が出て、とんとん拍子に事がすすんで、ノリノリの状態を創り出せます。

みなさんも社会に出て仕事をすると、必ず意識することがあると思います。仕事で出会う人と波長が違うと、毎日が不協和音で何となく気が重くて、だんだんストレスがたまってきます。

会社や病院のように、すでにある組織に組み込まれて、そこに入っていく場合と、新たに自分の世界を創り出す場合では、仕事のパートナーも微妙に変わってくるのです。

会社や病院に勤務する場合には、すでに、ピラミッド構造の組織があります。

自分がどこに配属されるのかをきちんと把握しておかないと、その勘違いだけでも、いろんなトラブルを起こしてストレスになります。そのなかに溶け込めるかどうかで、日々の気分が違ってきます。

組織のなかでの、仕事のパートナーとなると、同僚や上司、特別プロジェクトを組む場合は、もっとチームとして人数が増えていきます。

この仕事場での人間関係は、かなり過去生からの縁の人がいるのです。

この人間関係をクリアするのが、人生のメインテーマの人もいます。その場合は、家族や友達関係はとてもよくて問題がなく、もっぱら仕事での人間関係の問題に集中しています。

上司とのコミュニケーション、どうやって自分の意見をうまく伝えるか、気持ちよく仕事をこなす方法、同僚と競わずに、それぞれのよさを生かして調和していく方法など、職場での人間関係でいろいろ学べます。

「あっ、私だ！」と思った方は、もう開き直ったほうがお得です。気楽になります。仕事場だけ気張ってやればいいのだとわかると、その他の場でほどけます。仕事以外の場所が、ストレスを解消する場なのです。

もちろん、逆パターンもあります。**仕事場はどこに行ってもうまくいく、いい人ばかり、でも家に帰ると複雑な人間関係が待っているという場合は、仕事場で息抜きして、家に帰ってしっかり気張って向き合えばいいのです。**どちらも大変な場合は、予算や好みに応じて夜のカウンセリングルーム、スナックやバーや飲み会ではじけましょう！　趣味の場に憩いを求めましょう！　どこかに息抜きの場、エネルギーを補給する場を持っていないと、行き詰まってしまいます。

これだけは自分で、自己管理です。

どんな場合でも、**仕事場に、この人から吸収したいと思う人が必ずいます。**その人が、上司や同僚だったら、とてもラッキー。その**仕事をしている間に、その人からしっかり、考え方、発想、話し方、自己表現の方法、人生をすてきにするさまざまなコツを吸収しましょう！**

私も、仕事場を変えるたびに、そこで、人生の達人に出会っています。なかには逆に、反面教師の人もいますが。本当にものは考えようですね。

女性の場合、上司からのセクハラをどうかわすかという問題に遭遇する場合もあります。

クリニックにも、セクハラの悩み相談に来る女性がいました。どの職場でも上司からセクハラを受けて、仕事に集中できないのです。

謎解きをしたら、江戸時代の妖艶な遊女が出てきました。納得でした。彼女は江戸時代のときのエネルギーをいまだに引きずっていたのです。彼女に出会う上司たちは、その遊女のエネルギーに反応して彼女に迫っていたのでした。

遊女さんに光へ帰ってもらったら、本人がびっくりするほど、男性からのアプローチがぴたっと止まりました。ちょっと寂しいくらいと言っていましたが。

職場で懐かしい魂、ソウルメイトに再会することもあります。過去生で仕事仲間や親子だったり、兄弟姉妹だったりすることもあります。また残業が多く家族よりも交流の密度が濃くなり、絆を強めていく場合もあります。職場での恋愛（私はどうも不倫という言葉が好きでないのです）は、元恋人だったり、元夫婦だったりもありえるのです。好きな人と職場も一緒だったら、毎日がルンルン、楽しいでしょうね！

恋愛から結婚に移行すると、二十四時間一緒になって、これはまた大変な面が出てきます。つまり、仕事のパートナーと人生のパートナーが一緒の場合、いろいろと問題も起きてきます。二人の力関係、どちらが指示をするのか、混乱する場合もあります。比較されることも出てきます。どんな状況もそれなりの学びですね。

これについては、大学時代周囲は女医になる仲間ばかりですから、よく話題になっていました。「女医は公私ともに、一二〇%努力しても、七〇%しか認めてもらえない。そのつもりで！」と先輩からスピーチのなかで、厳しいメッセージを受け取ったことがあります。とても印象的でした。

医師同士で開業したり、医師同士で別々の病院勤務をしたり、違う職種での共働きで、いろいろと、家事や子育てなど、人生の諸問題が現実に降りかかってきます。

夫婦がともに同じ医者の場合、どうしても比較されることが出てきて、それがストレスになりやすいと思います。同業というのも、別の職場であればいいのですが、同じであると難しいですね。一方、同じ領域で語りあえるという面白さも味わえます。

親友でもあり、同じテーマを探求して意見交換ができて、そこに価値を見出すカップルは、うまく仕事のパートナーと人生のパートナーを両立できると思います。

夫婦や家族でお店や会社をやっている場合も、各々が持つ力と役割が自然に決まってきて、その人間関係からの学びも大きいのではないでしょうか?

本当に「人生いろいろ」ですね。

あなたにとって、今の仕事のパートナーはどうですか?　チャレンジを楽しみましょう。

人生のパートナー

いよいよ、みなさんが一番聞きたいところ、人生のパートナーの話です。

最近は一人暮らしが増えていますが、少子化の時代、子供に老後を頼めない、頼りたくないと、伴侶が先に天へ旅立っても、住み慣れた場所で、嫁に、婿に気を使わないで気ままに暮らしたいと、元気な人は、八十代でも一人暮らしを続けています。

一人が寂しくて、伴侶がいなくなったら、また別の人生のパートナーを求める人々もいます。子供たちが反対して、財産、遺産問題でもめることもありますが、一人より、波長が合えば二人のほうが心強いし、波長が合わないと、かえって一人のほうが気が楽かもしれません。一人と思っていても、実はすぐそばに生まれる前から張りついて守ってくれている守護天使さんがいるので、本当の一人ではないのです。

自分の魂さんが、生まれる前に書いたシナリオは、どうなっているのでしょう？**寿命は、すでに自分で決めているそうですから、伴侶のどちらが先にあの世に帰るのかは、年齢に関係ないようです。**誰でも、伴侶に見守られてあの世に帰りたいという思いがあるようです。

まだ人生半ばのときに伴侶が先立った場合、あの世に帰ったほうは、すっかり独占欲とか、執着とか、嫉妬とかの感情がなくなるので、「泣いてばかりいないで、おしゃれして次のいい人を早く見つけなさい！　こちらも結構充実しているからね。再婚してもＯＫよ！」と、あちらに帰った人は、さばさばしています。

クリニックで、魂の通訳としてあの世の人のメッセージを伝える役のときもありますから、そのときに、なるほどと私も勉強になるのです。

ですから、**ソウルメイトと死に別れても、次のソウルメイトとの出会いを楽しんで大丈夫**なのです。つまり、人生のパートナーも複数あっていいのです。沖縄の女性で結婚を十二回もしたパワフルなかたがいますので、もっと大らかに考えましょう！

ここで私が、とても感動したアメリカでの実話を、どうしてもみなさんに伝えたくて紹介します。ジャック・キャンフィールド他編著『こころのチキンスープ13　ほんとうに起こったラブストーリー』（ダイヤモンド社）を五年前に読んだとき、ジーンと心に深く残った話です。

「セカンド・チャンス」という話です。簡単に解説をします。

ドイツ人の女性、イングリッドと、アメリカ兵のリーは、第二次世界大戦中、ドイツの米軍基地で出会って恋愛関係になり、大戦後三年間ラブレターが、ドイツとアメリカで往復したのですが、リーが朝鮮戦争に行くことになり、先が見えないので、やむなく別れの手紙を出したのでした。それでもイングリッドは、彼の深い愛を忘れることなく、伯母を頼ってニューヨークに移住して、その後、シカゴにいる大学時代の友人とリーへの愛を知らせた上で結婚、二児の母になりました。とてもやさしい夫だったのに、四十一歳で急死。その後二十年間、ひたすら子育てに人生を費やしました。

一方リーは、退役後二回結婚して、二人目の妻はガンで亡くなり、失意のどん底にいたときに、イングリッドの便りを受け取ったのです。彼女は軍の名簿をたどって彼に手紙を送ったのです。

「こんなに驚いたことはなかった。いま頃になって彼女がアメリカにいるという。そのとたんに未来が開けたんです」

もう一度、愛が蘇るかもしれない。リーも彼女をひとときも忘れたことはなかったのです。

彼女が彼の手紙を受け取ったとき、すぐに彼の筆跡だとわかりました。彼の筆跡は、一目見ればわかったのです。彼の数十通の手紙を四十七年間、何度も読み返していたからです。

二人は会う約束をして、どきどきしながら再会しました。

二人はしっかりと抱きあい、それから一週間、別れた後の身の上話をしました。どうしても別れられなくて、リーはシカゴにやってきました。そして一九九七年、二人はやっと結婚しました。イングリッドは白いドレスを着て、リーはアメリカ空軍の軍服を着て、彼女は六十七歳、彼は七十四歳。そして二人は、願っていた静かな生活を楽しんでいます。

「初めての恋が最後の恋でもあることを知って、私はいま、あふれるような幸せを感じています」

シェイクスピアの言葉が、心に響きます。

「真実の愛は、決して平坦ではない」――『夏の夜の夢』

いかがでしたか？

ちょっと、『マディソン郡の橋』を思い出させる話です。でもこれは、すばらしいハッピーエンドなので、かなり晩婚ですが、国際結婚でもあり圧巻です。

決して、あきらめてはいけないと考えさせられますね。

みなさんの、人生のパートナー計画に、このケースのヒントを加えてください。第五章で紹介したカップルも、このお話の日本版になるかもしれませんよ。あきらめないで、愛を大事にしましょう。今生がだめなら、来世があります。

いまではメールの時代ですが、手紙はいつまでも残って、手書きのよさ、エネルギー、思いが込められて、思いを伝えるにはとてもいい手段だと思います。私も手紙を書くのが大好きで、よくラブレターを書いていました。いまは携帯やパソコンのメールが多くなりましたが、またあらためて手紙のよさを再認識しました。

高校時代の美しい手紙の思い出は、薄紫のバラの詩でした。

当時、母がバラ園造りに夢中になり、とても香りのいい薄紫のバラを楽しみに育てていました。五、六本のつぼみが咲き始めたとき、母に内緒で全部切って、ボーイフレンドにプレゼントしたのです。

しばらくして、そのバラを堪能して、枯れる前に畳の上に花びらを散らし、最後まで色と香りを楽しんだという詩が書かれた手紙を彼から受け取りました。その手紙はずっと宝物でした。

それは夏の合宿で、病気のため、みんなと山に登れなくて留守番だった私に、抱えきれないほどたくさんの山花を持って下山した彼への感謝の思いのバラでした。母には申し訳ないことをしましたが、忘れられない思い出です。

手紙もロマンティックですが、デートも大切ですよね。これも演出をしっかりして、盛り上げていい思い出作りをしたいものです。

東京時代によく患者さんにお薦めしていたのが、**毎週曜日を決めて、夫婦でデートをしたら？　というデート日のお薦めでした。ロマンティックな関係を続けるコツは、絶え間ない努力**だと思います。それも決して無理をせず、ほどほどが大事です。そのほうが長く続きます。

もちろん、自分でも実行していました。毎週金曜日が夫婦のデートの日でした。外のおしゃれなレストランで食事をしたり、映画を見たり、ショッピングをしたり、そのときの気分で好きなようにやっていました。それは子供たちがいても習慣にすると理解してもらえ、子供にも結婚のいいイメージが伝わっていきます。ぜひお薦めです。

時には、ホテルに泊まってもいいのではないでしょうか？　あるいは週末、自然の多いロッジでもいいですし、別荘地でもおしゃれです。月や星を眺めて、自然のなかで、ロマンティックにいかがですか？

人生のパートナーを探すのに、一人は寂しいからとか、仕事がもういやで楽な主婦になりたいとか、職業を見つける感覚でスタートしても、探すぞ〜と飢えた狩人のようになってしまっては、なかなかロマンティックな出会いは望めません。

むしろ、**一人でも大丈夫と、健気に仕事を一生懸命に頑張って輝いている女性のほうがとても魅力的で、男性にとってはアタックしてみたくなると**思います。

どこかにいい男はいないかと、目をぎらぎらさせ獲物を探すようでは、ソウルメイトというより、ピロウメイト、セックスメイトを探しているように見えます。それでは男性のほうが引いてしまうのではないでしょうか？

過去生で、親が決めた結婚に従って大変な結婚をした時代に、「手に職をつけて、気ままに自由に生きていきたい！」と強く願ったことが今生で実現して、仕事に燃えていて、ふと気がつくとまわりの友達はもう結婚して子育てに忙しく、あせっている三十代の女性が多いかもしれません！

実は過去生でつぶやいた夢が、今生で叶っているのに、なかなかそのことに気づかないのです。

仕事で自己実現するコースか、子育てをして母親と主婦を楽しむコース、欲張って両方のコースなどがあります。それぞれのコースによって、人生のパートナーが違ってきます。いまの時代は、日本、西欧、アジアの一部では、どのコースも本人の選択がかなりできる時代になりました。

それ以外の国々ではまだ、まわりで薦める見合い結婚や親が決める結婚が主流です。

人類にとって、結婚はどの文化圏でも共通の普遍的な現象なのです。

日本も含めて西洋文化圏は一夫一婦制ですが、実は世界では少数派で、世界で八五三ある文化圏のうち八四%が一夫多妻制を許しているという報告にびっくり！　地球上、みんなが一夫一婦制になっていると思い込んでいましたから、本当に驚きました。

より多くの子孫を残すには、このほうが合理的です。しかし、人類はどうも一夫一婦制になっていくのが自然のようです。ペアになる習性をもっているのでしょう！

愛の印としての「ハートマーク」の由来は、実は、恋人同士がエネルギー的に強い絆で結ばれていると、二人のオーラの形がハート形だからなのです。おもしろいですね。

あちこちに、ソウルメイト・カップルの美しいハートマークが増えると、嬉しいですね。

あなたもハートマークを創っていますか？

パートナーを選ぶ

さぁ、ここで、いよいよパートナーをどうやって選ぶかを考えてみましょうか？

二人いてどちらにしたらよいか迷っているという、ちょっと贅沢な悩みの相談を持って来られるかたもいます。なかなか見つからない人は、一人分けてと言いたくなりますよね。でも、そのかたは、どちらにも、もう一人迷っている人がいると言ったのに、ともに相手は、決まるまで待っているからと決して怒らないのです。優しい男性たちですね。きっと彼女は、タフタフ（多夫多婦）星人なのかもしれません。

彼女は五年目に同窓会で別の人に会って、お互いにこの人だと、響き合って、四日目で結婚を決めたそうです。びっくり！　待ってくれた二人には、やっと結婚を決められる人に出会ったからと報告したそうです。前の二人に比べたら、ルックスも収入も、条件としては劣るかもしれないけれど、何より、心が広くて、やさしくて、感性がぴったりなのです。セッションで過去生の縁を見たら、自分の生命と引き換えに、火事で彼女の生命を助けてくれた勇敢な人でした。すばらしいソウルメイトに再会できたのです。ブラボーです！

もしどちらかに決められない場合には、ほかに本命がいるのかもしれませんね。

普通は、一人の人に出会って悩みます。この人と結婚していいのだろうか？　と。私の場合は、子供が産めないという大きなハンディを背負っていましたから、あまり贅沢を言えないので、結婚してくれるだけでありがたいとすぐにお受けしました。みなさんは、もっと慎重に選んでいいのですよ！

でも、あんまり慎重すぎて、結婚したいけれど、なかなか理想が高すぎて決まらないという人は、最初に紹介した母の明言「結婚ははずみでするものよ〜」のヒントを潜在意識に取り入れてみましょう！

それでは、次のパートナーのチェックリストを参考にしてみてください。

人生のパートナーであるかをチェックしてみましょう！

①お互いに、人生の転換期にめぐり会っている
②めぐり会ってから、すべてうまくいくようになっている
③一緒にいると落ち着いて、自然体の自分らしくなれる
④何でも一人で悩まずに、いろいろと話をする。話すとアイデアが出る
⑤人生の価値観が似ている
⑥二人でいると、さらに直感がさえて、相乗効果がみられる
⑦喜びは大きく、悲しみは小さくなる。怖さもなくなる
⑧お互いに、できることを助けあっている、またそれが嬉しい
⑨お互いに、実現したい夢があり、理解しあっている
⑩夢の実現のために、お互いが相手の必要な情報やものを見つけてくる

⑪お互いに、かけがえのない存在で、愛し、感謝している
⑫一緒に映画を見たり、旅をすると何倍も楽しい
⑬一緒に自然のなかにいると楽しい、蝶や鳥が祝福に近づいてくる
⑭一緒にいると幸せを感じる。顔を見ているだけで、嬉しくなる
⑮また、来世も一緒にいたいと思う

いかがでしょうか？

いまお付き合いしている彼（彼女）に、当てはまりましたか？

あるいは、いまの伴侶をチェックしてみてください。いろんな気づきがあると思います。もちろん、自分なりの項目を作ってみてください。どんな人がいいかを具体的にイメージできるかもしれません。

あるいは、**結婚相手を決めるときに、その人とキスができるか？　あるいは、その人の子供を産みたいか？　産んでほしいか？　という生理的な感覚で自分を知る簡単な方法もあります。**その人とキスなんてとんでもない！　と思ったら、これは結婚には向きません。

あきらめましょう！

やはり、結婚とセックスのことは、引き離せないのです。逆に、セックスの相性や感じに、精神レベルのこともからんでいることが多いのです。**そのカップルのセックスの状態、流れに、二人の性格や精神状態がもろに表れてきます。セックスが充実していると、心も穏やかに、前向きになります。**我慢しているセックスは、人生も我慢しています。とても大事なことだと思います。お互いのコミュニケーションの状態も表れてきます。コミュニケーションがよければ、とてもいいセックスになるでしょうし、逆もまた真なりです。

本当に、身も心も魂もぴったりのソウルメイト同士のセックスは、宇宙まで飛んでいくような、すばらしい瞑想の境地に行き着きます。これは、遺伝子のDNA構造のように、らせん状になって昇っていく感じです。これは、笑えますが、ちょうど床屋さんのマークのような、赤、青、白のらせん状を描いて登っていくのです。その色にも深い意味があると思います。

チベット仏教やインドのタントラでは、この境地に至る修行をやっていました。私も過去生でやっていた記憶が残っています。かなり修行を積んだソウルメイト同士でないと、この境地には行けないと思います。

チベットに行ったときに見た、寺院の仏画、タントラの一番上には、男女合体の図が描かれていて、最高の修行、最高の境地を表現しています。

そういえば、楽しい映画『釣りバカ日誌』のハマちゃんカップルも、時々、「合体」の字が大きく飛び出すシーンがあります。あの二人は、いつもラブラブ。

平社員のハマちゃんと社長のスーさんも、釣り友達、フィッシングメイトですね。会社では、社長と平社員でも、釣りに出かければ、立場は逆転、このへんの展開がおもしろいところです。映画や小説のなかでも、ソウルメイトのことを、たくさん学べます。

小説やドラマから、恋愛や結婚をうまく生かせるヒントを吸収しているのかもしれません。きっとそれは、無意識のうちに、人生のパートナーを選択する時に、ちゃんと役立っているのだと思います。

夫婦で研究者の場合は、自分たちのことをキュリー夫妻に置き換えて目標としたり、子供のいる男性と結婚した場合は、子供の人数はいろいろでしょうが、ミュージカル映画『サウンド・オブ・ミュージック』を思い描いて、ジュリー・アンドリュースが演じたマリアの心境になるとその映画から、勇気と励みをもらえます。

自分の人生を、小説やドラマや映画に置き換えて、そこからヒントをもらって頑張っていくのは、結構日常でやっているかもしれません。そして、その主人公になりきって、人生を何とか乗り切っていくのです。

テレビや映画のラブストーリーも、大事な役割を持っていますね。

これからは、少し意識してテレビや映画を見ましょう。小説もいろんなパターンを読んでみましょう！

きっと、パートナー選びに磨きがかかりますよ！

もう選び終わった方も、また次の人生できっと役に立ちますよ！

パートナーは鏡

見出しの「パートナーは鏡」を見て、はっとしませんでしたか?

私たちは**人間関係のなかで、相手を鏡のようにして自分を映し出して、自分を知る長い旅を続けているようなものです。結局は自分のなかの宇宙を見て、外の宇宙につながっていくのではないでしょうか?**

仏教の創始者のブッダも、禅定を長く続けているうちに、自分のなかの宇宙を垣間見て、悟りました。

禅定や瞑想で悟ることもできますが、私たちはせっかく肉体を宇宙からお借りして、地球という星の地上に降り立ち、約七十~九十年間の短い、しかし盛りだくさんな人生を体験しているのですから、地上で会える魂との触れあいにも悟りのチャンスがたくさんあるのです。

それは、個人個人の自由選択ですが、一回の人生で出会える人の数は限られています。そのなかで密度が濃い関係はさらに限られます。

そして、家族や伴侶、パートナー、恋人になると、本当にスペシャルな関係と言っていいでしょう！　地球上の人口が六十一億人とすれば、まさに六十一億分の一の確率です。これは、奇跡的な数字です。ソウルメイトグループがどうも十人らしいと52ページで紹介しましたが、それを考えると、六・一億分の一ということになります。ソウルメイトを今回生まれた国、日本に限ると、一億二千万人ですから、千二百万分の一、相手を異性に限ると、六百万分の一の確率になります。なんだか数字のマジックで、急に大らかな気分になりそうですね。

日本の人口動態を調べてみたら、四十九歳までは、女性の人口が少なく、五十歳を過ぎると女性が多くなります。女性の生命力は強いのでしょうね。

そんな確率のなかから選んだソウルメイトです。お互いに大切に向き合って、魂磨きを楽しみましょう！

相手が自分を映し出してくれるのは、相手が反応して表情を変えたり、言葉で表現してくれて、自分が何をしたのか、また、どんなことをすると、どんな言葉で、相手がどのように反応するのかを、見ること、知ること、感じることから、推測できるのです。

ここでの鏡は、姿、形を映し出すのではなく、波動を、エネルギーを映し出してくれます。愛を放てば、嬉しそうな喜びの表情になり、怒りをぶつければ、相手も怒りか悲しみが表現されます。パートナーとは、不思議な鏡ですね。

時には**相手のせりふのなかに、自分の潜在意識にしっかりはまり込んでいる思い込みが映し出されて、はっと気づかされることがあります。**

「本当にいつもドジね！」と言われるたびに、はっと、いつもドジと言われるけど、本当なんだろうか？　もしかしたら、自分の思い込みかもしれない、プラスに変えて新たに潜在意識に入れてみよう！　と気づいたら、しめたもの。

「私は、よく気がついて、仕事（家事）はいつもバッチリ！」とか、「私は、いつも仕事（家事）はパーフェクト、うまくいく！」など、好きなフレーズで明るく、なるべくなら声に出して宣言すると効果的です。

そのうちに夫や上司に、

「どうしたの？　最近調子いいね！」と認めてくれるせりふが出てきて、ますます流れがいいほうに変わって、さらによくなっていきます。

私も最近は、「仕事は、いつもうまくいっています。バッチリです。おかげさまで絶好調です。嬉しいです」を口癖にしています。

これを、整理整頓のほうにも応用したいですね。

クリニックにいらした患者さんで、夫婦で見えたケースですが、

「うちの家内は優しくて可愛いんですが、片付けができないんですよ。家のなかが足の踏み場もない状態で、あれで片付けができたらね～」とぼやいておられたので、潜在意識の話をしたら、これから、「おまえはもしかしたら、本当は片付けの天才かもしれない、きっと上手だ！」と隠れた才能を引き出す言葉をかけると言いました。

パートナーのささやきは思い込みを変える作戦として、きっとうまくいきます！　もっとテンションを上げれば、必ずうまくいきます！

その夫婦は、だんなさんのほうから意識が変わって、家族みんなでゲームのように楽し

いノリで片付けをするようになりました。

いかがでしょうか？

これを、いつもイライラ怒っている夫に応用した女性もいます。

高いびきをかいている夫の耳元で、「あなたはやさしい、とってもやさしい、最高の夫、ありがとう！　チュッ！」最後は、投げキッス！　直接言えない場合は、寝ている間に耳元でささやく方法もやりやすいでしょう。ぜひお試しください。

お互いに人生のパートナー、仕事のパートナーが、自分を映し出す鏡だと思って意識してみると、さらにいろんな気づきが出てきて、自分のパターンを変えられると思います。そうすれば、奥に無限に広がる宇宙から、力強い光、パワーがあふれ出てきます！　その光を、パワーを爆発させましょう！

パートナーとの合わせ鏡が、ともにキラキラと輝きますように！

第七章　愛を学ぶソウルメイト

愛の喜び

リストが作曲した、「愛の夢」第三番という美しいピアノ曲があります。とても綺麗なメロディです。

地球という星は、愛を学ぶのにぴったりの星だといわれています。というよりも**たくさんの生命体が、海にも陸にもあふれて、生命を輝かせている、愛にあふれた星**といってもいいでしょう！　愛が満ち足りていないと、これだけの種類の植物、動物、鉱物が生きていけないからです。

それぞれが美しい色合いや形を表現していて、本当にみごとです。それが人類の文明によって、ほかの生命体の存続を脅かしていることが、最近はっきりしてきて残念です。

地球を一つの生命体としてとらえながら、私たちがやってきた後始末をきちんとするべきときが来ています。**どんな生命体も、地球からもらった愛を自分なりに消化して、喜びを自由に表現しています。**

人類だけでなく、あらゆる生命体に、愛の喜びの表現が見られます。もしかしたら私たちよりも、ストレートな愛情表現をしているかもしれません。

動植物のすべてが、自然体で、色彩も豊かで、生命を一瞬一瞬輝かせています。

約十年前にアメリカでベストセラーになった本、自然人類学者ヘレン・E・フィッシャー著『愛はなぜ終わるのか』（草思社）を興味深く読みました。

生物学的な人間性の分析がとてもおもしろいので少し紹介します。

女性が男性を誘うときの奇妙なパターンに気づいて、世界中の女性の表情を観察したところ、「まず求愛する男性に微笑みかけ、それからきゅっと眉をあげ、目を大きく見開いて相手を見つめる、次に視線を落とし、軽く首をかしげてよそを向く」のだそうです。

これは、アマゾンでもニューギニアでも、パリでも東京でも同じだったというのです。

そしてこの求愛の表情は、動物にも当てはまって、メスのフクロネズミ、アホウドリ、カメにも同じように見られたそうです。

男性の求愛のポーズは、胸を張って上体を突き出すのが一般的だそうです。これも、カエル、猫、鳩、ゴリラなどと同じ仕草。とてもおもしろいですね。

動物たちはメスよりもオスのほうがカラフルで目立っていて、求愛のポーズを派手にやっています。人間は、文化によってファッションが異なります。私は明るい色合いが好きですが、沖縄にいると、違和感がないのに、東京に出張で行くと、人々のファッションが暗くてピンク色の自分が浮いてしまいます。

視線も強力な求愛の手段です。男女は異性として結びつく可能性がある相手を二、三秒凝視して、目を伏せて視線をそらします。次に、軽い接触で意図的に合図を送ります。そして、同調運動でリズムが合ったら、求愛ＯＫなのです。

以上が、**動物も人類も共通した「求愛のプロセス」**です。

すべての生命体は、愛しあうようになっていて、とても大切なことなのだと、しみじみ感じました。

フィッシャーさんの説では、世界中どこでも、異性選びの三分の二は女性から始めるそうです。

それもさりげなく。結局は、ある時点で男性が合図を読み取って、そこからは男性がリードしなくてはならないのです。表面上は、男性を立てているのですね。

あまりにも積極的な男女は、はねつけられてしまいます。早く接近しすぎたり、触りすぎたり、おしゃべりすぎても、嫌がられるのです。

絶妙な速度、程度、タイミングの感覚が大切なのです。

女性は、さりげなく意識して、相手を会話に誘います。そしてさりげなくあちこちに触って、コケティッシュな視線や質問、お世辞、ジョークなどで相手の気を引くのです。そこから後は、男性にさせましょう！

それでも、じっと相手を熱っぽく見つめたり、流し目でさらっと視線をそらせて、ぞっこんではないふりもします。そのほうがエレガントに見えるのです。男性は、女性に腕をまわして、やさしくキスをして、気分を盛り上げて、相手の反応を見ながら、さりげなくベッドに誘います。まだ、女性がその気にならないときにはあせらず、次回に楽しみを取っておきます。

そして、世界中で定番のデートは、食事に誘うことか音楽です。必ず求愛の場合は、男性が代金を支払います。女性は本能的に、自分に気があると悟ります。割り勘の場合は、まだ友達のレベルというサインです。

食事とともに、ちょっと高価な宝石、衣服、花などを男性は女性にプレゼントします。これも求愛のサインです。

さらに、**世界で共通の習慣が音楽です。歌って、楽器を奏でることで、女性の気を引こうとします。自分の思いを表現する**のです。

ネイティブ・アメリカンのホピ民族には、複雑な愛の歌を歌う伝統が残っています。アパッチ民族は笛を吹いて、女性を森へ誘います。求愛の合図をメロディで表すのです。日本でもお祭りのときに、森に、林に、女性を誘います。お祭りが求愛のチャンスです。

歌うのは、人間だけではありません。鳥、猫、虫、カエルも、みんな鳴いて歌っています。愛を求めて……。

そして、**恋愛感情が湧き上がります。世界が輝いて見える至福のときです。**恍惚と不安、眠れなくなり、勉強や仕事は手につかず、ずっと相手のことばかりを思い続けるのです。

まさに、「恋の病」とは、的確な表現ですね。

全世界が変わったかのように、違って見えます。希望と不安のシーソーのなかで揺れて、その激情は、セックスを超えたものとなるのです。歌や詩や手紙で自分の思いを表現しようとします。世界中に恋の歌や詩がたくさんあります。

何から特定の人に恋愛感情を持つのかを研究した人がいて、おもしろい報告をしています。それは、匂いだったのです。それも汗の匂いです。脇からの汗の影響を調べたら女性の排卵期に百倍も敏感になっていたそうです。

第三章で取り上げた楊貴妃が、匂いを気にして、体臭香を飲んでいい香りを放っていたというのも大事なことだったのですね。

匂いは感情や記憶と関係が深いのです。日本人は強い体臭を好みませんが、かすかでもその人を思い出す、匂いを無意識に感じています。日本でも平安時代は香りを求愛に用いていました。

発作的な恋愛感情は、ジェットコースターのように、あっという間にさめるかもしれません。長さはいろいろです。そのカップルの努力で、ロマンティックな関係が続くこともあります。

でも、**恋愛の次に置き換わってくる感情が愛着**なのです。

愛着が確立されると、脳内の幸せを感じるホルモン、エンドルフィンが分泌されて、とても居心地がいい状態を維持したくなるのです。お互いに空気のような、一緒にいるのがあたり前に思える関係です。ここまでくると、とても自然で、**お互いが寄り添って、尊重できて、「人」という字そのものができてきます。**

みなさんのまわりにも、こんないい夫婦になりたいなぁと、うらやましくなるカップルがいると思います。きっとそのカップルは、すてきなバランスの「人」文字ができていると思います。

燃えるような恋愛の喜びもすばらしいのですが、それを過ぎて、二人が空気のように、さわやかな風のように寄り添って、自然の生命体をながめて交流して、愛を分かちあうようになれたら、もっと喜びが大きいと思います。

それぞれの「愛の喜び」の曲を奏でられるようになりましょう!

乗り越えた愛

ラブストーリーといえば、イギリスの有名な劇作家、シェイクスピアは、みごとに、いろんな恋愛物語を描いています。ソウルメイトの学びにはぴったりでしょう！

代表的なのは、『ロミオとジュリエット』です。

「おお、ロミオ、なぜあなたはロミオなの？」というジュリエットのバルコニーシーンでのせりふが有名です。このせりふの裏には、「あなたがロミオでなかったら、こんなに苦しまなくてもいいのに。よりにもよって仲の悪い家系の人に恋をしてしまって……」という気持ちが隠されているのです。

このせりふを、実際に自分に置き換えて言ってみませんか？

「おお、○○さん、なぜあなたは○○さんなの？」

○○の中に、あなたの好きな人、恋人、あるいは伴侶の名前を入れて、言ってみるのです。例えば、彼の名前が太郎さんなら、

「おお、太郎さん、なぜあなたは太郎さんなの?」

と、こんな具合に。きっと笑いもこみ上げてくるでしょうが、あらためて、二人の状況が、見えてきます。果たして、まわりの人々に祝福されるのか、反対されるのか、関係を周囲に公開してみないとどちらともわからないのか、二人の関係のハードルの高さがはっきりしてくると思います。

若い頃、劇団「雲」の一般向けの演技指導のセミナーに参加したことがあります。そのときに、シェイクスピアの代表作の有名なシーンを読み上げて、演技の勉強をしたことがあります。懐かしいです。

ソウルメイトの出会いには、『ロミオとジュリエット』と同じパターンが結構見られます。まわりからすんなり祝福されない結婚です。そのために心中したり、駆け落ちしたり、引き裂かれて病気になったり、いろんなドラマが展開していきます。

この二人の場合は、たった五日間で恋に落ち、結婚して、死んでいきます。電撃的な恋

愛物語です。ジュリエットはまだ、十三歳の若さです。仲たがいをしている家族同士が二人の恋愛を引き裂いていきます。二人の悲恋、死によって、家族同士が反省して、いがみ合いがほどけていくのです。

これが現代版になって、ブロードウエイのミュージカル『ウエストサイド物語』になりました。映画にもなって、私も何度も見ています。日本でも、劇団四季や宝塚で公演されました。普遍性のあるテーマだからでしょう。

きっと私たちは、この恋愛パターンを必ずどこかの人生で体験していると思います。そして、**悲恋に終わった場合は、必ず次回の人生で幸せな結婚をして、ハッピーエンドを体験するようになっている**のです。

これが、地球大学での愛の必須科目ではないでしょうか?

最近のクリニックでのケースで、週刊誌『女性自身』に連載された漫画「愛と光のクリニック」を愛読して、セッションにいらした女性がいます。漫画とリンクしていて、びっくりしました。

彼女には、十歳の一人息子がいて、母子家庭。漫画のなかに出てくるサッカー少年も十歳で母子家庭でした。

しかも、ギリシャ時代の巫女さんが出てきて、してはいけない恋愛で妊娠、無理に薬で堕胎した子供が今の息子として生まれ変わったのでした。そのときの恋人（今生の元夫）と今回ちゃんと結婚して、その子供を産んだのです。

ギリシャ時代の宿題は終わりました。ちょうど漫画にもギリシャ時代の話がありました。

さらに、琉球時代も実らぬ悲恋がありました。彼女はこのとき琉球の娘で、薩摩の武士と恋に落ちて、そのとき、父親（今の息子）に引き離されました。息子に時々当たってしまうのも、その時代の怒りをぶつけて解放しているのかもしれません。

今生はその薩摩武士を求めて、薩摩、いまの鹿児島県に生まれ変わってきたのです。

彼女はまだ離婚の痛みで、もう男性はこりごりと思っていますが、まだ花の三十代。とても魅力的な女性ですから、「もう一度、花を咲かせましょう！」とパートナーを引き寄せるクリスタル・インカローズと香りはローズを勝手に使って、ヒーリングをしました。

ずっと自己嫌悪のかたまりで、慢性的なうつ状態だった彼女をたくさん笑わせました。

ちょうど、ヨン様の絵が描かれたピンクの靴下を履いていたので、

「ねえ、これ見て！　気持ちがほどけるから！」と足を見せたら、爆笑！

「吉本興業ではなくて、足元興業よ！」とギャグで、また大爆笑！

私と彼女は、ギリシャ時代も巫女同士、琉球時代も一緒。さらに、中国時代に男性同士で、大道芸人をしていた縁がありました。彼女にも、笑いの才能が眠っていたのです。

これもタイミングよく、ヨン様ファンであることを本に書いたら、ファンの方が、靴下をプレゼントしてくれたのです。初使用の日に、うつになっていた昔の芸人仲間へ笑いのプレゼントができて、とても嬉しかったです。

彼女も私とハグ療法（抱きしめる愛の治療）をして、私の「おめでた菌」が移ってしまったので、きっと職場で笑いの天使を演じられるようになるでしょう！

これを読んで、思い出し笑いをしてくれると思います。

愛の揺さぶり

ずっと生まれ変わりを続けて、人生という創造性の実験の場をくり返した後、そこには何が待っているのでしょう？

いまの時代、総集編の時代だからこそ、盛りだくさんにいろんな体験ができるのではないでしょうか？

ということは、**いま地上で生きていることが、とてもタイムリーでラッキーな**気がしてきます。

たくさんの魂たちがこの総集編の時代に生まれ変わりたくて、うずうずしているのです。

こんなに便利で豊かな時代は、珍しいからです。進んだ文明が何回か栄枯盛衰をくり返していますが、そのなかでやっと、**地球人の精神レベルが上がってきて、ずっと人類が夢見**

ていた平和な時代がいよいよ実現するときが来ています。

確かに、地球はいま、振動しています。

「揺れること」自体は、意味があると思うのです。なぜなら、**本当でないものは、その揺れで、はがれ落ちて、本物だけが残っていくからです。人生の優先順位がはっきりしてくる**からです。日本でも、神戸の大きな地震は、日本中の人々を震撼させ、人々の価値観が大きく変わりました。生命や家族を大事にするようになり、一家団欒がぐっと増えてきました。

私も晩年に自分のクリニックを創りたいと思っていた夢を、一カ月後には、叶えてしまいました。揺すぶられて、目が覚めた思いでした。

よく、相手にしっかりしてほしいとき、自分らしくなくて、やけになっている人を揺すぶって、「しっかりしてよ！　早く目を覚まして！　いったいどうしたの？」と目覚めさせるシーンをドラマや映画のなかに見ることがあります。

個人レベルでも、国レベルでも、地球レベルでも、いま、揺さぶられているのです。

個人としては、この本でずっと述べてきたように、さまざまな生まれ変わりのなかで、しみ込んだマイナスの思い込みや、たまっていた感情のエネルギーが揺さぶられて、はがれ、流れていくために、それによってはばまれていた本当の自分、光やパワーが、どっとあふれ出るからです。

パニック障害の人が増えているように見えるのも、実は、感情のブロックをはがしたいと自分へのサインを送っているのだと思います。

どんどん揺すって、はがして、本来の光を爆発させましょう！

そのパワーが、創造につながり、みんなが創造の喜びに目を輝かせるときがきたのです。**そのために必要な出会い、ソウルメイトの再会が、あちこちで起きています。**ビビッと感じたら、それもすてきな振動です。**お互いにすてきに振動して、エネルギーの流れをよくしましょう！**

実際に身体を揺すって、エネルギーのブロックをとりましょう！　いまはやっている「ゆるゆる体操」や、昔から気になっている、「野口体操」なども同じ原理です。私も、自著『だれでも思いどおりの運命を歩いていける！』（青春出版社）のなかで、ぶるぶる体操として、センタリングにいい身体から楽しく入れる習慣を薦めています。

自分の中心軸をきちんと、地球の軸に合わせれば、どんなことが起きても、動じないで安定していられます。

いつもシャキッと笑顔でいられたら、とってもすてきに輝いて、ずっと本当の自分でいられると思います。そうすれば、ベストタイミングに予定どおりのソウルメイトに出会って、お互いに心地よい響きを奏でながら、いい刺激を交換できると思います。親友に発展したり、恋人になったり、さらに結婚に移行したり、自然の流れを受け取れるでしょう！

過去生からの魂の宿題が終わって、いままで培った才能の扉が開くと、いよいよ本領発揮です。ソウルメイトとともに、長い間、育てていた夢のプロジェクトを現実化するときが来たのです。そのための絶妙なソウルメイトとの出会い、再会をこれから楽しみましょう！

もうそれが進んでいる人は、前よりも意識して、喜びを噛み締めながら、その調子で進んでください。

クリニックには、私と魂の縁がある人、ベストタイミングの人は二カ月ごとの電話予約で天使がつないで、沖縄まで来てセッションを受けています。

なかには、三年間も電話しているのに、まだかからないとあせっている人、本に出会って電話をかけたら、その日がちょうど予約日ですぐにかかって、二カ月後にはもう沖縄のクリニックで太平洋の波の音を聞きながら、待合室で、不思議を噛み締めている人もいます。

セッションは、九〇～九五％乗り越えてあともう一息で魂の宿題が終わる人が受けに見えます。

私は、魂の通訳、ブロックをはずす手伝いをする役割をしています。

以前はすがるようにして、先生に治してもらうという、ぶら下がってくる方が多かったのですが、最近は先生にちょっと背中を押してもらうという、主体性を持った人が来ています。

本を書いたことで、それが「読む薬」になり、読んだだけで自分が置かれた状況が理解できて、セッションを受けなくても自力で宿題をクリアすることができるようになりました。本の役割はとても大きいとしみじみ感じて、元気の出る本を次々と書いています。本を書く創造の喜びを味わっています。

この本もたくさんの人を元気にできたら、とても嬉しいです。

みなさんも、魂の宿題が終わって、本来の自分が表現できるようになったら、まわりの人々を応援、励ます役にまわってください。

出会ったソウルメイトと一緒に、愛と笑いの輪を広げましょう!

人生は思いのとおり

この本の最後のコーナーに入ってきました。締め切り前のぎりぎりに、クリニックで診たケースを紹介します。

イギリスへの留学が果たせず、悶々と日々を送っていた公務員の女性です。二回目の再診がちょうど一年後の五月十九日とまったく日も同じで、びっくり。電話を絶妙につなげる天使の粋な計らいです。

過去生でイギリスのオクスフォード時代に学者だったことが初診でわかったので、夏休みの間にぜひオクスフォードへとアドバイスしたら、ちゃんと行ってきたそうです。

ところが、飼っていたトラ猫がその間に亡くなって、ショック。

イギリスから戻って、うつになっていたら、今度は父親まで病死して、ダブルショックでした。

魂の通訳として、直感で彼女にその情報を解説したら、なんとトラ猫くんは、過去生のオクスフォード時代に飼っていた黒猫の生まれ変わりでした。だから、彼女が行っている間に、あの世に帰ったのです。その後に飼っている野良猫が、なんと黒猫だと聞いてびっくり。名前はシンプルにクロ。またもや天使の粋な計らいに感動でした。

父親は、ひょうひょうとした中国の仙人でした。しかもその時代、彼女は彼に弟子入りした青年だったのです。家族の誰もいないときに、一人で亡くなったことを彼女は後悔していましたが、父親はまったく寂しく思っていなくて、むしろ、一人で気楽に行くように自分で選んだとのことでした。

彼女は、とても気持ちが楽になりましたとニコニコ笑顔。何だか結婚したくなってきましたと、いままでその気がなかったのに、意識が変わってきました。それまで、男性の時代を二つ引きずっていたので、それを解放すると、急に女性にもどるのです。ブラボーです。本当に、電撃結婚するかも。

このケースのように、**過去生でのやり残しをきちんとやり遂げて、すっきりすると、あ**

っという間に自己変容して、まるで別人のようになります。

ちゃんと天使がお茶目に、「たまたまの演出」をちりばめていて、楽しいびっくり続きです。

表面だけを見ると大変そうな人生も、見方をちょっとを変えたら、とってもうまくいっています。すべてに意味があって、たまたま起きていることも、実は、魂からのメッセージどおりに、必然で起きているのです。

人生は何てうまくできているのでしょう。小さな奇跡、中ぐらいの奇跡、大きな奇跡のてんこ盛りです。

生きていること自体が不思議なのです。

宇宙は、いつも私たちの思いに敏感に反応して、応援してくれます。マイナスに思えば、マイナスに実現、プラスに思えば、プラスに実現してくれます。

だったら、ちょっとプラスに思ってみましょう！

声に出して、言ってみましょう！　さらに、効果的です。

あれって、忘れているうちに、新たな展開でプラスの現実が実現して（あっ、現実が実現って鏡文字になっていますね。すてきです）。自分でもびっくりです。

本当に、**思いが現実を創り、自分の人生を創り、国を、世界を創っています。**

前著『人生の創造』（徳間書店）でも、しっかり書きましたが、このエネルギーの原理を知ると、人生観、日々の価値観が変わってきます。

今回の『ソウルメイトの不思議』では、魂と魂の出会い、関係から、その原理をひも解いてきました。

究極は、**宇宙エネルギーが、愛と創造性のパワーを持っていることを、人生を通じて体験し、感じ、納得することが、生きている目的**ではないかと思います。

これからも、すてきなソウルメイトに出会って、触れあい、学びあって、お互いに輝いていきましょう！

あなたのソウルメイトによろしく！

あなたのソウルメイトを大切に！

おわりに

みなさん、この本を読んでくださって、本当にありがとう！

いかがでしたか？

ソウルメイトの不思議を味わっていただけましたか？

ソウルメイトについては、アメリカで広まり、少しずつ、日本でも若い女性を中心に関心が広がってきています。

沖縄での大講演会のとき、「ソウルメイトに出会うには」のタイトルでしたが、あっという間に六百人も集まって、びっくりでした。内容も好評だったので、主婦の友社の編集者、大崎俊明さんから、若い女性を元気にする本を書いてほしいと依頼があったときに『ソウルメイトの不思議』ではどうかしら？」と話したところ、「実は、それをお願いしたかったのです！」と、意見がぴったり合いました。そのとき、いまがこの本を出すベストタイミングだと直感で思いました。

今回は原稿を書くための時間を空けないで、いつものスケジュールのなかで書きましたから、どうしても睡眠時間が三、四時間になってしまいました。

ところが、書くことの創造の喜びが大きくて、大好きなことをしていると、不思議なことに疲れないのです。以前から知っている人々からも、「最近若返ってますね。さらにパワーアップしましたね」と嬉しい反応です。

そんな嬉しさとパワーが込められた本ですので、どうぞ、そのエネルギーも受け取ってください。

最後の仕上げができたのは、名古屋の講演会の当日、五月二十一日でした。講演会当日の朝、五時過ぎに目が覚めて、オレンジ色の朝日のパワーを浴びてから、原稿書きに午前中は集中して、講演会会場へ行くぎりぎりまで書いていました。

私の頭のなかは、この本の内容が詰まっていましたから、参加者四百人の方々に、この本の内容を紹介することになりました。きっと参加された方は、この本を読まれて、講演会を思い出しながら二倍楽しめたと思います。

すべてはベストタイミングで起きていますね！

そのとき、ヒーリングのデモンストレーションに選ばれた女性の過去生が、ちょうどインディアンの青年で、アトピーで悩んでいる娘さんが白人の開拓者の娘で、二人は恋人同士だったという話が出てきたのです。

この本のポカホンタスとジョンの恋愛と（男女は逆転していても）偶然の一致、シンクロしていたのでびっくりしました。これも、天使の粋な計らいでしょうか？　それとも、私の「人生のシナリオ」のとおりだったのかしら？

きっと、みんなで創り上げたプロジェクトなのでしょう！

人生は味わいのあるものですね。

この本の担当をしてくださった、編集者の大崎俊明さん、編集長の林定昭さん、本当にありがとうございます。

医学部に入るため、御茶ノ水の予備校に通っていた時代、よく主婦の友社内にあるお茶の水図書館に通っていました。将来本を書きたいと思っていた夢が、こうやって実現して、こんな形でまたご縁があるなんて、本当に嬉しくてなりません。

そばでずっと応援してくれた大切な家族、そして励ましてくれた友人たちにも、特に中野裕弓さん、はせくらみゆきさん、心からいつもありがとう！

沖縄の煌セラの伊地代表、城間さん、武田さん、宮村さん、高谷さん、金城さん、山口さん、クリニックのＨＰを担当してくれている草野さん、新垣さん、いつも応援をありがとう！　そして、アトリエ・さとわ、エッセンス、クラリス、たじま屋、リフレックス、アバンテック、沖縄インターネット放送などの楽しい仲間たちのおかげで、講演会、ミニ講演会、ヒーリングスクール、セミナーなどを続けることができています。

本土では、埼玉の塩崎さん、名古屋の川井さん、大阪の坂口夫妻、岐阜の船戸クリニックのみなさん、北九州の智香さん、和歌山の西本先生、松尾さん、境さん、いつも講演会やセミナーでお世話になっています。本当にありがとう！

ヒーリングスクールの修了生のみなさん、そしてクリニックで支えてくれたスタッフの外間さん、陰での応援をありがとう！

とてもたくさんのかたがたに、支えられて、活動ができています。

みなさん、本当にいつも応援をありがとうございます！


今回の本の表紙は、装丁家・坂川栄治さんによるすてきな、やわらかいタンポポの綿毛と青空になりました。本の内容にぴったりのイメージで、やさしさにあふれています。本当にありがとうございます。

六年前に沖縄に移り住んで、沖縄の創造性のパワーをもらって、どんどん創造的になってきています。

この本を読んで、少しでもみなさんのソウルメイトについての理解が深まり、人との出会いが嬉しくなって、人生がより豊かに、楽しく感じられるようになったら、とても嬉しいです！

私たちは、お互いにソウルメイトとして、いい刺激と、いたわりと、助けあいによって、すばらしい一つのエネルギーの輪を創っているのですね。

地球はひとつ！　宇宙はひとつ！　愛と笑いで、人生最高！

また、次の本で、ぜひお会いしましょう！

二〇〇五年　五月吉日

魂科医・笑いの天使・楽々人生のインスト楽多ー　越智　啓子

インフォメーション

啓子メンタルクリニック

TEL&FAX：098－895－4146

☆ホームページ

「啓子メンタルクリニック」

http://www.keiko-mental-clinic.jp

☆講演会、セミナーのお問い合わせ

啓子びっくり企画

TEL：098－868－9515

FAX：098－868－9519

☆ヴォイスヒーリングのCDのお問い合わせ

煌セラ

TEL：098－866－4563

FAX：098－866－4363

ソウルメイトの不思議

2005年9月10日　第1刷発行
2006年4月20日　第6刷発行

著　者　越智啓子

発行者　村松邦彦
発行所　株式会社 主婦の友社
〒101-8911 東京都千代田区神田駿河台2-9
電話 03-5280-7537（編集）
電話 03-5280-7551（販売）
URL http://www.shufunotomo.co.jp

印刷所　共同印刷株式会社

ISBN4-07-246528-3